講談社文庫

地面師

他人の土地を売り飛ばす闇の詐欺集団

森 功

講談社

文庫版まえがき

東京を中心とする都市再開発の勢いが衰えない。二十三区内のマンション価格の平均値は、七十平米でおよそ七千万円近くもするという。場所によって地価はすでに一九九〇年前後の不動産バブルを凌駕し、東京都心では二億円、三億円のタワーマンションが飛ぶように売れている。

せいぜい東京五輪までだろう——。当初、そう予想されたバブルは今も続いている。新型コロナウイルス感染の影響により五輪開催自体が二〇二一年にずれ込んだが、少なくとも都心のオフィスやマンション需要は二〇二五年前後まで高まる、と大手デベロッパーが算盤を弾く。わけても中央、港、千代田三区の再開発がますます進み、東京の地価はいったいどこまで上がるのだろうか、と不思議な気分になる。

そんな不動産バブルは地面師たちの好物である。昨今、横行してきた地面師詐欺はある意味、必然だったといえるが、その環境はさほど変わっていない。

警視庁捜査二課と万世橋警察署が二〇二一年末から翌年初めにかけ、本書第四章で書いた東京・渋谷区富ヶ谷の不動産詐欺事件を検挙した。報道を検索すると、二〇二一年十二月一日付の朝日新聞夕刊に〈6・5億円詐取の容疑、「地面師」2人逮捕　警視庁　渋谷の住宅地巡り〉と題した記事が載っている。

〈東京都渋谷区の高級住宅街の土地を所有者になりすまして売却し、不動産会社から約6億5千万円をだまし取ったとして、警視庁は1日、会社役員山口芳仁（54）と無職福田尚人（60）の両容疑者＝いずれも受刑中＝を詐欺などの容疑で逮捕し、発表した。容疑を認めているという。同庁は、2人が不正な土地取引を繰り返す「地面師」だったとみている。

捜査2課によると、2人は2015年9月上旬、共謀して渋谷区富ケ谷1丁目の土地（約480平方メートル）を所有者になりすまして売却。都内の不動産会社から代金として約6億5千万円を受け取り、詐取した疑いがある。所有者は台湾に住む90代男性で、不動産会社側に偽の印鑑登録証明書やパスポートを示すなどした可能性が高いという。

不動産会社が法務局で登記手続きをしようとした際、印鑑登録証明書などが偽物だと判明。会社が警視庁に相談していたという〉

逮捕された主犯の二人はそれぞれが別の地面師詐欺で摘発され、福田には二〇一六年に懲役六年、山口にも二〇二〇年に懲役三年六ヵ月の刑が確定していた。いわゆる常習犯であり、それも地面師詐欺の特徴だ。二人は繰り返し事件を引き起こしてきた。

終戦間もない頃のカオスに生まれた地面師という詐欺師たちは、絶えることなく実に八十年近くも生き残っている。おまけに彼らは時代とともにずる賢くなり、他人の土地に縄を張って居座るような終戦直後のなりすましとは比較にならないほど、巧妙になった。詳細は本編に譲るが、富ヶ谷の事件では、台湾華僑の所有する都内の高級住宅地に目をつけ、取引の場所を弁護士事務所に設定してまんまとデベロッパーを騙している。警視庁は事件発生から六年三ヵ月後の二〇二一年十二月になってようやく彼らの逮捕にこぎ着けた。その明くる二二年一月、山口はさらに別件で逮捕される。一月十三日付の朝日新聞朝刊を引くと、〈渋谷の地主装い　土地売却の疑い「地面師」か、5人逮捕〉とこう書く。

〈渋谷区の高級住宅地の土地や建物を、所有者になりすまして不動産会社に売却したとして、警視庁は住所不定、無職の山口芳仁容疑者（54）ら5人を詐欺容疑で逮捕し、12日に発表した。認否は明らかにしていない。（中略）

ほかに逮捕されたのは、会社役員遠藤正三（59）＝豊島区目白5丁目＝、アルバイト秋山竜也（45）＝世田谷区深沢5丁目＝、無職永田浩資（57）＝服役中＝、同村松武（84）＝住所不定＝の4容疑者。同庁は、他人の土地を不正に取引する「地面師」事件とみて調べている〉

うっかり見逃しそうな小さなベタ記事だ。

〈捜査2課によると、5人は16年10月、共謀して、渋谷区神山町の土地（約230平方メートル）と建物を所有者になりすまして都内の不動産会社に売却し、約1億9千万円を詐取した疑いがある。所有者名義の偽の運転経歴証明書や印鑑登録証明書を示していたという。不動産会社が所有権移転などの登記申請をした際に、法務局で発覚した〉

地主になりすまして不動産業者から土地代金を騙し取る地面師詐欺は、被害額の割に報道の扱いが小さい。というよりテレビなどではほとんど事件を取り上げない。それは被害者が、マスコミの広告スポンサーである大手の住宅メーカーやデベロッパーというケースが少なくないからだ。

山口は立て続けに二件で八億円以上の詐欺を働いている。相当な大事件である。改めて事件の感想を警視庁の捜査員に聞くと、こう胸をなでおろした。

「山口らの逮捕でこの数年、世間を騒がせてきた大物地面師たちはたいてい塀の中に落ちることになった。だからひとまず、地面師詐欺も収束に向かうだろう」

しかし、そうとばかりも言い切れない。地価が上がり、土地の開発需要が高まれば、不動産業者はそこに大きな儲け話を見つけようとする。いかに知られざる優良物件情報を入手できるか、それがデベロッパーにとって土地開発成功のカギを握ることになる。

利益を求める取引に心の隙が生まれる。そこを巧みに突くのが地面師である。彼らのほとんどは無名の詐欺師であり、どこに潜んでいるかわからない。無名だからこそ中小はもとより、大手のデベロッパーでさえいとも簡単に騙されてきたのである。地面師が絶滅することはない。その最新手口を紹介する。

二〇二二年九月

森功

目次

本書に登場する地面師たち

内田《うちだ》マイク

地面師詐欺の頂点に立つとされる犯行集団の頭目。一九九〇年代後半のIT・ファンドバブル当時に「池袋グループ」を率いて暗躍。逮捕されて服役したのち、数年前にカムバック。ほとんどの主要事件で、その影がちらつく。

北田文明《きただふみあき》

内田と比肩する大物。金融通で銀行融資を組み合わせた〝逆ザヤ〟という詐欺の手口を編み出したとされる。地面師の中でも最も稼いでいる一人。

カミンスカス（小山《こやま》）操《みさお》

積水ハウス事件で首謀者として登場、フィリピンに高飛び。国税当局とのパイプがあると自称する。マンションデベロッパーで税金対策を担い、この世界に入った。

土井淑雄《どいよしお》

不動産ブローカーあがりで、内田や北田の相談相手として数々の犯行に登場。手形の割引などに利用できるネットワークを持ち、詐取した現金を差配する。

生田剛《いくたつよし》

アパレル界から不動産取引に転身し、積水ハウスとの取引窓口役に抜擢された中間業者。芸能界や政界のタニマチとして知己も多く、事件でもその関係が取り沙汰された。

秋葉紘子《あきばこうこ》

数々の事件でなりすまし役の手配師として登場する大物手配師。日頃は各種施設の清掃員として働き、高齢者のネットワークからはまり役をスカウト。「池袋の女芸能プロダクション社長」の異名を持つ。

羽《は》毛《け》田《た》正《まさ》美《み》
秋葉の手配により、積水ハウス事件におけるなりすまし役に。逮捕されるまで生保レディとして勤務してきた普通の高齢主婦。

八《や》重《え》森《もり》和《かず》夫《お》
一九九〇年前後の不動産バブル期に頭角を現した、内田や北田より古参の詐欺師。最近では、内田らに押され、頭目の補佐役として事件に関与している。

福《ふく》田《だ》尚《ひさ》人《と》
もっぱら内田マイクと組んで仕事をする売り出し中の詐欺師。内田同様、多くの事件に関与しているが、逮捕をすり抜けてきた。

山《やま》口《ぐち》芳《よし》仁《ひと》
昨今のマンションブームに乗り、地上げから地面師詐欺に加わった若手。内田や福田の指示で動くことが多いとされる。

宮《みや》田《た》康《やす》徳《のり》
不動産コンサルタントから地面師に転身。アパ事件における主犯であるが、逮捕後はこの世界から足を洗うと宣言している。

亀《かめ》野《の》裕《ひろ》之《ゆき》
不動産法規に通じた名うての悪徳司法書士。宮田を地面師の世界に引き入れた張本人で、簡単な書類の偽造なら自ら手掛けるほどの手練。世田谷事件で北田とタッグを組んだ。

喜《き》田《だ》泰《やす》壽《とし》
中堅どころの詐欺師。マンション、住宅用地のなりすまし事件を主導して警察からマークされてきた。

高《たか》橋《はし》利《とし》久《ひさ》
一九九〇年代後半のIT・ファンドバブル当時、「総武線グループ」を率いて名を馳せた詐欺師。電通ワークス事件などでも暗躍してきた。

ブックデザイン　鈴木成一デザイン室
本文写真撮影　濱崎慎治
蓮尾真司（P78内田マイク）
共同通信社（P25）

はじめに

〈死亡女性になりすまし無断で不動産売買　容疑の4人逮捕〉

二〇一六年十一月三十日の日経電子版「速報ニュース」に、こう題したベタ記事が掲載されたことがある。警視庁捜査二課の発表に基づいた報道だ。あまりに扱いが小さいため目立たなかった。半面、この手の地主のなりすまし事件は、東京都内で頻繁に起きていた。典型的な地面師詐欺である。

逮捕された四人組は、斯界《しかい》で中堅どころの地面師集団といわれた。犯行グループが何年も放置されていた東京都内の土地に目を付けたのが、事件の端緒だ。手口は他の地面師事件ともよく似ている。

簡単に説明すると、摘発からさかのぼること四年前の一二年四月、四人組はお決まりの偽造パスポートやニセの不動産売買契約書を使って地主の女性になりすまし、杉並区の不動産業者に土地を売りつけた。被害額四七〇〇万円、何年も前に地主が死亡していることを承知の上で犯行におよんだ。

四人組の役割分担は、きっちり決まっていた。詐欺のスキームをつくった主犯格は、喜田泰壽《きだやすとし》といった。逮捕当時の年齢は五八歳、詐欺集団のリーダーとして脂が乗る時期といえた。喜田の相棒であり、地主のなりすまし役が、六七歳の中村美佐江だ。また、喜田はそのほか美佐江の世話係として五四歳の手下を配し、五〇歳の不動産ブローカーに、土地の売却先を探させた。警視庁がそれらを突き止め、判明した四人の地面師グループを逮捕したのである。

「喜田は、かねて売り出し中の地面師として警視庁がマークしてきた人物でした。犯行から四年経って逮捕できたのは、なりすまし役の中村美佐江の身柄を押さえられたからです。それが大きかった。逮捕した当初、美佐江は自白していました。なので、四人とも起訴できるとも思ったのですがね」

警視庁の捜査幹部は事件をそう振り返った。だが、事件は刑事たちの思惑どおりにはいかない。意外な展開を見せた。

主犯格の喜田をはじめ、なりすまし役の美佐江以外は最初から犯行を否認していた。それは刑事たちも織り込みずみだったのだが、一度は罪を認めた彼女の供述があいまいで、頼りない。そのまま逮捕から起訴まで二二日間の留置・勾留期限を迎えた。四人の送検を受け、東京地検刑事部は処分を決定しなければならない。起訴するか、起訴猶予にするか、あるいは嫌疑不十分で不起訴にするか。犯行グループ四人それぞれに応じた処分の判断が求められた。

「持ち主になりすました中村美佐江以外は、公判で詐欺の犯意を立証するのが難しい」

東京地検としては、主犯の喜田を詐欺罪で起訴できない、と言い出した。結果、起訴されて罪に問われたのは四人のうちなりすましの中村ひとりだけとなり、喜田をはじめ他は無罪放免となって釈放されてしまったのである。

とうぜん捜査を続けてきた警視庁側は納得できない。捜査二課長をはじめ、現場の捜査員たちは地団太を踏んだ。おまけに事件はそれだけでは済まない続きがあった。

警視庁の捜査幹部が続けた。

「もとはといえば、ここは戸建ての分譲住宅用地として不動産業者が注目していたところでした。喜田たちはそこに目を付け、杉並区の不動産業者を騙したのですが、買ったつもりの業者はそうとは気づかず、建売住宅販売を専業とする建設会社に土地を転売してしまっていた。エンドユーザーとしてその建売業者から家を買った方は、そんな事情などつゆほども知らない。ごくふつうの家庭が念願の新築のマイホームに今現在も住んできたのです」

主犯が不起訴になったとはいえ、曲がりなりにも警視庁が捜査に着手し、一時は犯人一味を摘発した。事件の発生からすると、四年が経過しているが、この地を舞台に犯罪があった事実は動かしがたい。虎の子をはたいて新しい家を買った持ち主が自分のものだと信じて疑わないその土地は、もともと死亡した地主のものだ。たまたまそこには相続する縁故者がなかった。本来、相続人がいなければ、不動産は国庫に返上される。実際事件がなければそうなっていたに違いない。しかし、地面師たちの手によって状況が変わった。

つまり土地の真の所有者は国で、住人は土地を借りて住んでいることになる。通常、こうした土地なら国に借地料を支払うか、あるいは改めて土地を買い取るか、という選択になるのだろう。が、住人はすでにそれ相当分の数千万円を支払っている。裁判で争えば、国側が負ける可能性が高い。

もとより、地面師事件を知らず、住宅を分譲した建売業者やそれを買ったエンドユーザーの住人には何の罪もない。だがその一方で現在の住人は、他人の土地に建てられた家に住んでいることになる。仮に刑事事件として立件されれば、一連の事実が明らかになったかもしれない。そのうえで善意の第三者として、土地を登記しなおして住むことになったかもしれない。しかし事件は不起訴となり、幕を閉じた。それらの事実はいっさい明るみに出ることはなく、住人も知らないまま永遠に闇に葬られている。

目下、都内で進行中の地面師詐欺の現場では、この手の混乱や矛盾があまた生じている。まるで土地の所有者が定まらなかった明治初期や終戦直後のカオスに迷い込んだかのような、そんな不思議な事態を招いている。

この一件をめぐっては、さすがに警視庁も危機感を抱いた。捜査二課長の檄が飛んだ。

「このまま引き下がれるか！　このほかにも喜田のネタはあるだろう。なんでもいいから探して来いっ」

その執念の捜査は、年が明けて半年後に実を結ぶ。

他人の土地を自分のもののように偽って第三者に売り渡す詐欺師――。大辞林はそう解説する。それが地面師である。

古くは七〇年以上前、終戦間もない混乱期のドサクサに跋扈《ばっこ》した。東京や横浜、大阪や神戸、福岡や鹿児島……。日本の主要都市が米B29の爆撃にさらされ、土地の所有者一家がそろって命を落とすケースが少なくなかった時代だ。家屋は瓦礫と化し、家を建てなおす者がいなかった。

県庁や市役所などの自治体は戦火に見舞われ、書類が焼失して機能しない。そこで暗躍したのが、終戦後の地面師たちの始まりだとされる。瓦礫だらけの焼け野原に縄を張って土地の所有者になりすますのは、わけもないことだった。法務局では、持ち主本人の氏素性を確認し、不動産登記の申請をチェックする役人の手が圧倒的に足りず、地面師たちは造作なく関係書類をでっちあげた。土地を転売してひと財産築いた輩も少なくないと聞く。それらが、かつての地面師だった。

日本社会はそこから復興を遂げ、経済発展を続ける過程において再び地面師たちが出現する場面が訪れた。地面師たちの跋扈した第一のピークが一九八〇年代後半のバブル期である。東京二三区がアメリカ全土の地価に匹敵するといわれたほど、都心の地価が狂ったように上がった。

地面師という名の詐欺師たちが、そんな乱れた時代を見逃すはずがない。新宿、池袋、下北沢といった地域ごとに、文字どおりの縄張りを主張し、徒党を組んで不動産詐欺を重ねていった。先にピークと書いたが、終戦の混乱期を地面師の黎明期とすれば、バブル経済当時は第二期といえるかもしれない。とりわけ東京や大阪の警察は、彼らに手を焼いた。

都心のビルや土地を所有するニセの地主を仕立て上げ、売買を仕組んで買い主から億単位の代金を騙し取る。地面師詐欺は、やがて捜査員の隠語で「ニンベン」とも呼ばれるようになった。たとえば汚職について捜査員が、「汚」の偏から「サンズイ」と呼ぶのと同じく、ニセの地主になりすます地面師詐欺についても「偽」の字から、隠語でそう呼ぶ。

そんな伝説的な詐欺集団が、昨今、またもや東京の都心や大阪で蘇っている。この数年来、地面師による不動産のなりすまし詐欺が横行し、警視庁や大阪府警がその対応に追われてきた。わけても警視庁に届けられた地面師詐欺の被害件数は、五〇件を優に超え、一〇〇件を超えるとも伝え聞く。

そんな近頃の地面師詐欺のなかで、最初に注目された件が、新橋駅前で起きた「白骨死体事件」ではないだろうか。

二〇一六年十月十九日、警視庁愛宕署の捜査員が捜索願いの出ていたある資産家の自宅を探索した。そこで、捜査員の一人が隣の家とのあいだにあるわずか四五センチほどの狭い隙間に目をとめた。日中でも日がささず、人ひとりが通るのが精いっぱいで、表通りからは見えない薄暗い場所だ。

その暗がりのなか、捜査員がこんもりと盛りあがった布きれの塊を懐中電灯で照らした。

「何だろうか」

そうひとりごちながら、ボロ布の塊に近づいたら、異臭がした。そして思わずぎょっとした。布きれの塊のように見えた物体は、うつぶせに倒れている人間だった。しかもすでに白骨化していたのである。

遺体は、新橋五丁目の一軒家に住んでいた高橋礼子のなれの果てだった。ホームレスのようなボロをまとい、うつぶせに倒れていたのである。彼女は古くから新橋の繁華街の一角を所有してきた有名な地主だった。

「地面師たちが資産家の彼女になりすますため、殺害してあそこに捨てたのではないか」

白骨遺体という衝撃も手伝い、そんな噂が不動産業界に広まったのは無理もなかった。ほどなくそのドラマのような噂話が半ば現実として、警視庁刑事たちの手を煩わせることとなる。

登記簿上、最終的な土地の所有者となっていたのが、ＮＴＴグループの不動産開発部門を担ってきた「NTT都市開発」だった。警視庁では、何者かが彼女になりすまし、土地建物を転売していた事実を突き止めた。NTTが青ざめたのは言うまでもない。

この新橋駅前の「白骨死体事件」では、偽造パスポートが使用され、似たような年恰好の女性が、地主の高橋礼子になりすましていた。捜査をしてきた警視庁愛宕署はその事実をつかみ、なりすまし犯も特定した。だが、本原稿を執筆しているいま現在、犯人グループは誰ひとりとして逮捕されていない。容易に摘発できない裏には、地面師事件の特殊性がある。

地面師事件は再びピークを迎えている。横行する地面師詐欺の渦中、警視庁捜査二課は二〇一八年十月、ようやく積水ハウスが騙された不動産詐欺事件の本格捜査に着手した。

第一章 「積水ハウス」事件

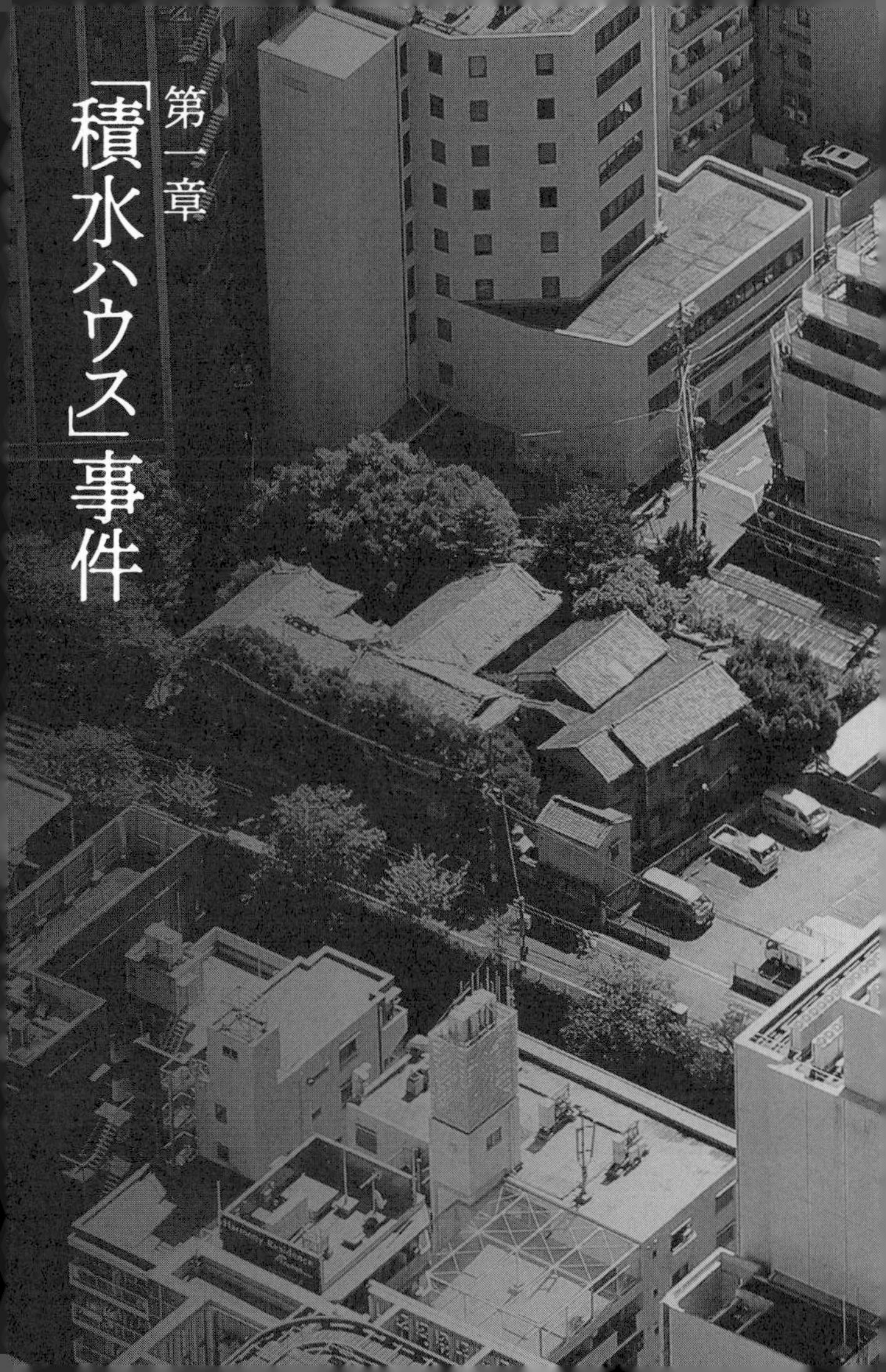

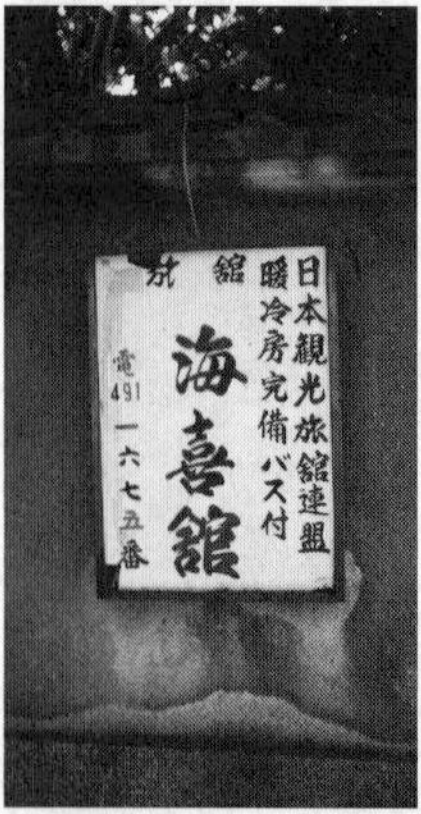

JR五反田駅から徒歩3分の超一等地にある老舗旅館「海喜館」を舞台に、史上最大規模の地面師事件は起きた

ストップされた工事

通報を受けた警視庁大崎警察署の捜査員が現場に駆け付けたのは、二〇一七年六月一日の昼過ぎのことだった。

「あなたたちは、どちらの方ですか」

積水ハウス工務部の担当者たちは、パトカーから降りてきた警察官にいきなりそう誰何《すいか》された。工務部とは文字どおり、デベロッパーが建設工事にとりかかる前に現場の調査をし、資材を調達する先発隊だ。積水ハウスの工務部の社員も、そのために現場で作業をしようとしていたのだが、そこへ警察官が現れること自体、まったく事情が呑み込めない。まさに面食らった。

現場はJR山手線の五反田駅から徒歩三分、目黒川を渡ったところにある旅館「海《うみ》喜《き》館《かん》」の玄関先だ。不動産代金を払い込んで売買契約が成立したはずの積水ハウスの社員が、古くなった建物の取り壊し準備を始めた。旅館の周辺に赤いカラーコーンを配置し、測量を始めようとした。その矢先の出来事だ。とつぜんパトカーがサイレンを鳴らして駆け付け、周囲が大騒ぎになったのである。

通報したのは旅館の持ち主、海老澤佐妃子《えびさわさきこ》の異母弟から頼まれた弁護士だった。警察官がやって来るのとほぼ同時に、その弁護士も旅館の玄関先に現れた。驚いたのは積水ハウスのほうだ。

「ここは持ち主からうちが買いとったんです。それで、測量を始めたところですが……」

二人の工務部員のうちの一人が、警察官にそう説明した。そこへ通報した弁護士が割って入った。

「あんた方、何を言っているんですか。私こそ持ち主の依頼でここへ来ています」

すでに旅館の土地建物の売買契約を済ませていたはずの積水側にとっては、まさに寝耳に水だ。

「あなたこそ何を言っているんだ。こっちは支払いも済ませているんだよ。なのに、何の権利があって邪魔するんだ」

だが、弁護士も負けていない。

「私の依頼人は海老澤さんから相続する人なんだ。ここは売ってないんだから、測量なんか絶対にさせないよ」

近所の商店主が、たまたまその騒ぎを見ていた。当日の出来事をこう振り返った。

「しばらく揉めていたのですが、泡を喰った積水ハウスの人が、うちの店に駆けこんできたんです。そうして『これは、海老澤佐妃子さんじゃないんですか？』とパスポートの写真を見せながら、僕に確認するのです。その写真は海老澤さんとは似ても似つかない別人でした。それで、僕が『まったく似てないので、違う人だと思うよ』と教えてあげると、彼らは青ざめてね。一人は急いで走り去っちゃった。二人のうち残った若い方の人に『オタクたち、おそらく騙されてるよ』って言ってやったんです」

残された積水ハウスの担当者は、商店主のその言葉に呆然として立ちすくんだ。

「営業部が本人を確認したし、旅館の内覧もおこなったはずなのに……」

工務部の若い担当者は、消え入るような声でそうつぶやいた。かたわらの商店主に説明するというより、ひとりごちるように、こう言葉を続けた。

「そういえば、俺たちが『旅館で本契約を取り交わしたい』と先方に申し出たとき、向こうは変だった。『あまり佐妃子さんの容態がよくないから、旅館じゃなくホテルでやりたい』と断られたもんな。あっ、そのホテルに来た女がこの写真の……ああ、どうしよう」

もはや積水ハウスが前代未聞の不動産詐欺に遭ったのは、明らかだ。それでもあきらめきれない積水ハウス側では、事件が判明した六月一日から十日まで、旅館「海喜館」の周囲を封鎖した。その日の夜から、建物に誰も寄り付かないよう、制服のガードマンたちが二四時間、この古ぼけた旅館を見張るようになる。

地主になりすまして不動産を騙し取る地面師詐欺は、昨今のマンションブームに加え、東京五輪を控えて地価が高騰してきた都内の優良物件が狙われる傾向が強い。五反田駅の至近に建つ旅館「海喜館」は、老朽化して長らく営業もしていない。近所でも地主の海老澤佐妃子を見かけなくなっていたという。まさに地面師にとって狙い目だった。

五〇件とも一〇〇件とも言われる警視庁管内の地面師詐欺のなかでも、積水ハウスのケースは飛び抜けてスケールが大きい。事件が発覚したあとの八月二日付の積水ハウスの発表によれば、二〇〇〇平米（およそ六〇〇坪）の土地をはじめとした一連の不動産取引総額は七〇億円にのぼる。うち積水ハウスは六三億円をニセ地主に支払い、最終的に五五億五〇〇〇万円もの大金をまんまと騙し取られたのである。紛れもなく、これまで類を見ない史上最大の地面師詐欺である。

地面師事件には、それぞれに特徴がある。不動産のプロが騙されるケースはさほど珍しくないが、なかでも積水ハウスの件は、騙された会社の規模が群を抜いている。

大和ハウス、住友林業とともに、日本のハウスメーカー御三家の一角を占め、二〇一八年一月の決算では大和ハウスに次ぐ二兆一五九三億円を売り上げた業界のリーデイングカンパニーだ。マンション開発も手掛ける日本屈指のデベロッパーでもある。取引における経験や知識も豊富だ。そんな業界のガリバー企業が、なぜこうも簡単に巨額の不動産代金を騙し取られたのか。

積水ハウス事件の複雑怪奇なカラクリを追う。

史上空前「五五億円」の被害

事件に巻き込まれた地主の海老澤佐妃子は一九四四年、五反田のこの地で生まれた。生まれた頃、すでに両親が海喜館を経営しており、彼女は旅館で育った。

「もともと海喜館は佐妃子さんのお父さんが始めた旅館でした。なにしろ場所がいいので人気があり、ずいぶん繁盛していました」

旅館の周囲を歩くと、古くから住んでいる町内会の役員に出会うことができた。

「お父さんはとても羽振りがよく、やがて奥さん以外にも愛人をつくってしまいました。それで夫婦が揉めたんです。あげくお父さんが家を出て行き、外腹《ほかばら》の男の子までつくってしまった。以来、母娘の二人暮らしになり、旅館は佐妃子さんのお母さんが切り盛りするようになりました。お母さんの時代、旅館はずっと賑わっていましたよ」

そう説明してくれた。戦前から花街として栄えてきた五反田では、いまもその名残がある。夜になると、ピンクサロンや個室マッサージなど、風俗店のネオンサインに若いサラリーマンの酔客が吸い寄せられる。事件の舞台となった海喜館は、そんな花街から少し隔てた目黒川沿いの老舗旅館として栄えてきた。

一九七五年十二月二十三日、夫に代わり旅館を経営してきた佐妃子の実母きよが他界し、佐妃子がこの不動産を相続した。町内会の役員は、その頃のこともよく覚えていた。

「佐妃子さんは、相続後もしばらく板前さんや仲居さんを使って海喜館を経営していました。このあたりは商店が多くてね、町内会の行事にも積極的に参加してくれました」

もともと海喜館は宴会などもおこなえる大きな旅館だった。日本中が空前の好景気に沸いたバブル時代はもとより、バブル崩壊後も出張サラリーマンの宿泊客を目当てに営業を続け、それなりに経営はうまくいっていたようだ。だが、施設が古くなっていくにつれ、近隣に建設されたビジネスホテルに押されるようになり、経営は次第に苦しくなっていった。町内会の役員が続ける。

「旅館の経営が成り立っていたのは、一〇年前まででしょうかね。そうなると、場所がいいからね。『旅館を廃業してマンション経営をしないか』『スポーツジムをやらないか』と、不動産会社の営業マンやら、マンションデベロッパーの社員やら、ヤクザ風の不動産ブローカーにいたるまで、いろんな人が佐妃子さんに近づいて来るようになった。彼らは客を装って旅館に泊まってね、彼女が接客に出てくると、『旅館を売ってほしい』とうるさくて、佐妃子さんも嫌気がさしていたんだよ。しまいに佐妃子さんは常連客しか泊めなくなってね。旅館は絶対に売らない、って頑《かたく》なに言い続けてきたんです」

そんな状態が何年も続いてきた。それでは経営がうまくいくはずもない。海老澤佐妃子は二〇一五年三月、旅館を廃業した。といっても売る気はなく、その後もしばらく板前といっしょに旅館に住み続けた。が、やがて体調を崩してしまう。生来、身体の丈夫なほうでなかった佐妃子は、すでに古希を過ぎていた。町内会の役員はさらにこう言った。

「僕が最後に旅館で佐妃子さんを見かけたのは、廃業届を出してから二年ほど経った一七年の二月ごろでした。それから姿を見ていません」

近所で姿を見かけなくなったのは、彼女が入院したからだ。当然のごとく主が入院中の旅館は、人の出入りが途絶えた。瞬く間に無人の廃墟のように荒れ果てていった。

そんな高齢の地主の変化を見逃さなかったのが、地面師たちである。

詳しくは後述するが、今度の計画に加わった輩が、この古ぼけた旅館に出没するようになるのは、彼女が入院する少し前のことだった。地面師グループは、一見するとマンションデベロッパーや不動産ブローカーと見分けがつかない。が、彼らは土地を買って開発するつもりなど毛頭ない。土地を材料にいかにして金を手にするか、それだけが目的であり、そこでいろんな手段を駆使する。そうしてそれまでの不動産ブローカーたちに交じりながら、地面師たちが海喜館の周囲に出没するようになっていた。

「海喜館の詐欺で最初に計画を立てたのが、マイクと北田の二人でしょう。警視庁も彼らが当初から絡んでいたと睨んで捜査を進めてきました」

そう明かしてくれたのは、海喜館について地面師たちの動きを調査してきた東京都内の不動産業者だ。この「マイク」と「北田」とは、内田マイクと北田文明のことを指す。二人はともに、業界にその名の知れ渡った大物地面師である。

スター地面師

「どこで生まれ、どのように育ったのか。生い立ちが今の私に影響をおよぼしているわけではありませんし、興味のないことですので、話したくありません」

北田は第六章で詳述する世田谷の五億円詐取事件で逮捕される。東京地検立川支部の検事を前に、淡々とそう語った。

「仕事に関しては、国士舘大学中退後、広告業を始めたのですが、客のなかに不動産の会社があり、興味を覚えました。そして三〇歳ごろから不動産業を始めたのです。売りに出ている物件を探し、売り主と買い主とのあいだに入って交渉をおこなって手数料を稼いだり、自分で物件を購入して転売してその差額で稼いだり……。そんな仕事をするようになりました」

取り調べに慣れ切っていて、検察官を前にしても動揺するどころか、眉ひとつ動かさない。まるで取引相手を説き伏せるかのように、検事相手にペラペラと舌を回した。

北田は一九五九（昭和三十四）年十二月十一日、長崎県に生まれた。事件当時すでに還暦を目前にしていたが、年齢や学歴以外の詳しい経歴については、検事の取り調べに対しても、ほとんど明かさない。それでいて、事件と直接関係のない話はけっこうした。こう嘯《うそぶ》いた。

「年収はだいたい二〇〇〇万円でしょうか。ゴルフはひと月に一〇回、仲間といっしょに行きます。ほかの趣味といえば、銀座の高級クラブで飲み歩くことぐらいでしょうか。クレジットカードを一〇枚ほど持っており、目的に応じて使い分けています。ハワイのコンドミニアムも所有していますが、自分の自由になる資産ではありません」

北田は地面師のなかでも、五指に入る大物といわれる。今回の積水ハウス事件でも、その足跡を残している。地面師事件の取材を始めたばかりの頃、私は偶然その北田と会ったことがある。場所はJR新橋駅前にあるホテルの喫茶ロビーだった。

夕刻になると会社帰りのサラリーマンで賑わう新橋駅界隈は、一杯飲み屋やスナックだけでなく、喫茶店も多い。最近はスターバックスやドトールなどの手軽な店が増えたが、なかには昭和の風情を残した昔ながらの店も残っている。事件屋と呼ばれる詐欺師やその情報を得ようとする不動産ブローカーたちは、なぜかそんなレトロな空気が好みのようだ。

たとえばニュー新橋ビルの三階にある喫茶店をのぞくと、そこでは紫煙のなかで驚くほどきわどい会話が飛び交っている。隣の席のサラリーマンやカップルたちは、そんな話には興味がないらしく、自分たちの会話に没頭している。というより、聞き耳を立てたところで、話の中身があまりに込み入っているので、チンプンカンプンになるのが関の山だろう。

新聞や雑誌の記者たちは、新橋に集うこの手の事件屋やブローカーから情報を得ようと、足しげく通う。かくいう私が北田の顔を初めて見たのも、まさにそんな取材の場だった。ある地面師とホテルの喫茶ラウンジで会っていたときだ。テーブルを挟んで話し込んでいると、入り口付近から初老の男が駆け寄ってきた。

「遅くなってすみません」

濃いベージュのカジュアルなジャケットに身を包んだその男が、目の前の地面師に封筒を手渡した。取材している私のほうを向くとこう言った。

「どうも取り込み中みたいですね。あとで連絡しますよ」

そそくさと立ち去る男を目で追いながら、目の前の地面師が指さした。

「あれが北田ですわ、かの有名な」

かたや取材相手の地面師の名は土井淑雄《としお》といった。

そしてこの北田と並び称される斯界の大物が、内田マイクである。年齢は北田より少し上で、北田以上に不動産詐欺に顔を出し、地面師の世界でその名を知らぬ者のないほどの有名人といえた。マイクという名前は本名だ。といっても日系アメリカ人などではなく、おそらく改名してそう名乗るようになったのだろう。かつては内田英吾と名乗っていた純粋な日本人である。英吾という名を使っていた時代には、「池袋グループ」と呼ばれる地面師集団を率いてきた。

概して地面師の犯行グループは、一〇人前後で構成されていることが多い。犯行計画を立てる主犯格のボスを頂点にし、なりすましの演技指導をする「教育係」になりすまし役を見つけてくる「手配師」。パスポートや免許証などの書類を偽造する役割の人間を「印刷屋」や「工場」あるいは「道具屋」と呼ぶ。その他、振込口座を用意する「銀行屋」や「口座屋」、さらには法的手続きを担う弁護士や司法書士の「法律屋」にいたるまで、それぞれが役割を分担して犯行にのぞむ。

そんな地面師グループのなかでも、内田や北田は常に計画の中心にいて、犯行の指揮を執ってきた。主犯として計画を立案し、彼らの下で手足が動く。目下、東京都内で起きている地面師事件の多くに関係しているとされる大物地面師である。

北田や内田たちにとって、山手線沿線の一等地にある五反田の海喜館は、やはり見過ごせない物件だったに違いない。他の多くの地面師事件と同様、この件にも密接に絡んでいる。五反田の土地取引を調べてきた先の不動産業者が、次のように打ち明けてくれた。

「ブローカーのあいだで有名だった海喜館について、内田が計画を立てたのは二〇一六年十一月から十二月だと聞いています。内田は手始めに、持ち主である海老澤佐妃子に接近するため、旅館の脇にある月極め駐車場を借りたいと持ちかけた。犯行グループの関係者によれば、実際、彼女と駐車場を賃貸する契約書を交わしたといいます」

一六年十二月といえば、旅館の持ち主である海老澤佐妃子が入院するまさに二ヵ月前のことだ。不動産業者がこう続ける。

「駐車場契約では、内田自身が契約に立ち会ったかどうかは定かではなく、ひょっとすると配下の者を使ったかもしれないけど、契約書を交わせば、海老澤本人の人相風体はもちろん、彼女に関する個人情報を得ることができる。たとえば、旅館に一人で住んでいるのか、ほかに誰か同居人がいるのか、地主の生年月日や連絡先の電話番号なども把握できますから」

これも地面師たちの下準備の一環なのだという。たとえば海老澤佐妃子の生年月日は一九四四年七月十六日で、事件当時は七二歳だ。そんな基本的な個人データも、契約を結ぶときの印鑑証明や住民票などで把握できる。それに乗用車の駐車場契約一台分なら、保証金を加えても、せいぜい一〇万円程度で済むので造作ない。

休眠会社の名を変えて

不動産業界のみならず、企業社会が驚愕した積水ハウスの地面師事件の捜査は、二〇一八年が明けて間もなく開始された。被害総額五五億五〇〇〇万円という大事件だけに、警視庁の捜査は慎重にならざるを得ない。積水ハウス事件の前には、その準備ともいうべき捜査二課の手掛けた捜査があった。それが渋谷区にある「東京音楽アカデミー」という専門学校の所有地をめぐる、手付金詐欺だ。

警視庁はその捜査ターゲットに小山操《みさお》を据えた。のちにカミンスカス操として国際手配された小山は、二〇〇〇年代初頭にマンションデベロッパーとして名を馳せたABCホームの財務部長を務めたこともある。国税当局に太いパイプをもつと自称し、この世界に身を投じたとされる。積水ハウス事件における主役の一人である。事件の内幕に詳しい小山の知人と出会うことができた。

「専門学校、東京音楽アカデミーの扱いを小山に任せたのが、あの北田でした。彼らにとっては、積水ハウスに触手を伸ばす前のいきがけの駄賃のような感覚だったのかもしれません。東京音楽アカデミーの土地は富ヶ谷にあり、マンション用地としてうってつけでもあった。そこで北田や小山は東京音楽アカデミーの代表者のなりすましを仕立て、買い手を探した。そして、うっかり彼らに乗せられた不動産会社に手付金を振り込ませます」

事件の概要をそう明かしてくれた。北田とは、先に紹介した北田文明のことであり、積水ハウス事件でも内田マイクとともにその影が見え隠れしてきた。東京音楽アカデミーを巡る手口は以下の通りだという。

「まず小山は、旧知の不動産業者仲間から名古屋の休眠会社を買い取り、そこの代表に就任しました。それを『東京音楽アカデミー』と社名変更し、都内に音楽アカデミー名義の銀行口座をつくった。銀行は富ヶ谷に近い渋谷駅前支店を選び、いかにもそれらしく見せかけています。そうしておいて、買い手の不動産会社になりすましを紹介し、ニセの口座に売買代金の手付金を振り込ませたのです」

一口に「音楽アカデミー」といっても、その名称のついた通信教育の音楽学校は全国に数多く存在する。なかでも東京にある「東京音楽アカデミー」は、複数あるので紛らわしい。つまり、数ある東京音楽アカデミーのうち、どこが富ヶ谷の地主なのか、そもそもわかりづらいので、勘違いしやすい。

というより北田や小山たちは、そこに目を付けたといえる。休眠会社を買い取って

「東京音楽アカデミー」という社名に変更すれば、いかにもそれらしく見える。前述したように通信教育などしていない休眠のペーパー会社なのだが、買い手の不動産業者も、銀行の口座名が同じなのでニセモノだとは疑わない。そうしてまんまと手付金を振り込ませたのだ。再び小山の知人が次のようなエピソードを明かした。

「彼らにしてみたら、積水を手掛ける前なので手持ち資金に困っていたのかもしれません。手付金が振り込まれたすぐあと、小山が渋谷駅前支店のATMに現れ、そこで現金三〇〇万円を引き出しています。それが銀行の防犯カメラにばっちり映っており、動かぬ証拠となっているといいますから、刑事も捜査しやすかったのでは……」

警視庁捜査二課は捜査を進めた。東京音楽アカデミーと積水ハウスという二段構えの事件捜査といえる。そして捜査二課は東京音楽アカデミーの捜査を進めながら、そのネタをもったまま本丸の積水ハウス事件に切り込んだ。

十月に入ると、積水ハウス事件における主犯として、元ABCホームの小山操の逮捕状を東京地裁に請求した。もっとも、警視庁が本格捜査に乗り出すまでには、紆余《うよ》曲折《きよくせつ》もあった。それは事件の計画・立案者が小山ではなく、内田や北田という大物地面師だったからでもある。

端緒は融資詐欺

実は、積水ハウス事件の計画立案者と目される内田や北田たちは、はじめから積水ハウスを騙そうとしていたわけではないようだ。五五億円以上を騙し取った取引総額七〇億円の大掛かりな売買になるとも、考えていなかったフシがある。

駐車場の契約を使い、海老澤佐妃子の個人情報を得た内田らが次に計画したのは、金融業者からの融資詐欺だった。犯行グループと接点がある先の不動産業者は、そのあたりの事情にもやたら詳しい。

「内田たちはまず、いつものようにニセ海老澤佐妃子を手配しました。ただ、なりすましの出来としてはあまりよくなかったのかもしれません。内田たちは、ニセ佐妃子が取引で矢面に立つとバレてしまうのではないか、と心配したのでしょう。さらに佐妃子の内縁の夫と称する前野という男まで用意し、取引では前野にしゃべらせるようにしたといいます。なりすまし役の手配師は、『池袋の女芸能プロダクション社長』と呼ばれる秋葉紘子《こうこ》です」

秋葉によって佐妃子のなりすまし役に抜擢されたのが羽毛田《はけた》正美（六三）であり、内縁の夫役の前野が常世田《とこよだ》吉弘（六七）だ。ともに十月十六日、逮捕された。内田たちは当初、銀座のアパレル業者Eを融資の受け皿となるよう誘い込んだ。E社が彼らから犯行計画を知らされていたか、単純に取引に使われただけなのか、そこは判然としない。だが現実にE社は金融業者から融資を引き出すための窓口役として機能した。不動産業者がこう付け加える。

「E社が融資話を持ち込んだ相手が、関西の食肉グループ系の高利貸しでした。年が明けた二〇一七年、ニセ海老澤佐妃子が海喜館を担保に高利貸しから二億円を引き出した」

当初の計画は、パスポートや実印を偽造して不動産の所有者になりすまし、融資書類を準備して借金をする融資詐欺である。不動産業者の説明によれば、こうだ。

「ただし、高利貸しもタダモノではありませんから、二億円は、二倍の四億円にして返す条件だったといいますから、かなり際どい取引でもあります。融資はするが、焦げ付けばE社には強烈な追い込み（取り立て）がかかる。だから内田たちはE社を窓口に融資を受けるにあたり、借金した二億円を元手にして他の詐欺で稼いで返すつもりだった」

つまりまずはなりすましを使った融資詐欺でひと稼ぎした。そこで高利貸しを騙して二億円を借りたものの、相手が悪く四億円を返済しなければならなくなったという話のようだ。そのため内田たちは別の新たな貸し主からもっと大きく資金を引き出そうとしたのだという。海喜館の不動産登記簿を見ても、融資の窓口となったE社や高利貸しは出てこないが、それは初めの段階で足跡を残さないようにするためだったのだろう。

この間の取材で、ニセ海老澤佐妃子の代理人だった弁護士が書き残したとされる〈事実経過報告〉を入手した。そこにはくだんのアパレル業者E社も登場する。

〈E（原文は実名）が、この物件で融資先を捜していた。

「50億円から55億円で、形式は融資だが、返済できなければ、売買に変更になることは構わない」という話を小山氏が聞いた。これが平成29年3月くらいのことだった〉

借金に困ったE社が小山に相談し、ここから犯行計画が融資から売買に変わっていったという。とどのつまり融資詐欺のようなまどろっこしいことをするより、いっそのこと「売買に変更」してしまおうと発想を切り替えたわけである。それを提案したのは内田や北田ではなく、小山なのだという。小山の登場により、内田たちの計画した融資詐欺は、売買を前提とした地面師事件に変わっていった。取引を調査してきた不動産業者ははっきりこう言う。

「いわば最初の段階は、マイクや北田たちが仕組んだ融資詐欺で、そこに小山が乗っかってきたのでしょう。高利貸しに金を返すには、手っ取り早くどこかに海喜館を売ってしまえばいい。そこで、ターゲットに選んだのが、積水ハウスだった。小山が積水の担当者と懇意だといい、内田たちに提案して今回の件が計画されていったわけです」

再開発すれば、優に一〇〇億円を超える価値になる。五反田の海喜館は、不動産業者のあいだでそう評価されていた。それほどの大きな不動産開発事業となると、積水ハウスクラスの大手デベロッパーが手掛けないと実現できない。それも事実だ。

小山は内田たちに発破をかけ、積水ハウスが犯行グループのターゲットに選ばれたという。そして事態は海老澤佐妃子の入院を待っていたかのように、急展開していく。むろん海喜館の売り先として話を持ち込まれたのは、積水ハウスだけではなかったが、結果的にこの大手デベロッパーが煮え湯を飲まされる。

ニセ地主の故郷

「たしか佐妃子さんの入院は四月だと聞きましたけど、地面師たちはそのあたりの内部事情にも詳しかったのでしょう。ちょうどその頃から、僕のところにも海喜館を買いたいという不動産業者が五〜六社、訪ねてきました」

町内会の役員は、記憶の断片をつないでそう語ったが、正確には彼女が入院したのは二月のことだった。実は海老澤佐妃子には、母親の異なる名取弘人、功二という二人の弟がいる。両親が別れたあと、父親が別の女性に産ませた息子たちだ。つまり二人には旅館の相続権がある。事態に気づいた名取兄弟は二〇一七年の七月、慌てて相続手続きを済ませた。と同時に、地面師一味を相手取り民事訴訟を起こした。

その裁判資料によれば、幽門《ゆうもん》前庭部に癌を患い、床に伏せっていた海老澤佐妃子の容態が悪化したのは、二〇一七年二月十三日のことだという。彼女は急遽、東京・広尾の日本赤十字社医療センター七階の7A病棟七〇二号室に入院した。そこは末期の癌患者に対するケアー病棟で、彼女はすでに延命治療も断っていたものとみられる。

そしてこのあたりから、地面師グループの作成したニセ海老澤佐妃子のパスポートや印鑑証明が、不動産業者に持ち込まれる。町内会の役員は、こうも話した。

「ニセ佐妃子さんの写真付きのパスポートのコピーを持ち歩いていた不動産業者は何社かありましたね。ある不動産会社の営業マンたちが手にしていたのは、二〇〇八年に作成されたパスポートでした。パスポートの写真を持ってきて『これは海老澤佐妃子さん本人ですか』と確認して歩いていました。またなかには、弁護士事務所の会議室で撮影されたという彼女の写真まで持ちまわって本人かどうか確認してほしいという会社もありました。もちろんそれらの写真は佐妃子さんとはまったく似てない。それで『ぜんぜん違うよ』と言ってやってね。実はそれでおかしいと気づいた業者も多かったんだよ」

町内会の役員は、「ニセ地主を面接した不動産業者までいたんだよ」と次のような裏話までしてくれた。

「ある不動産会社は、仮契約寸前までいって、実際、写真の女性とも会った、と言っていました。指示どおり、ビルの会議室に連れて行かれると、佐妃子さんを名乗る女性には、白髪の弁護士と一〇人ほどのいかつい男が付き添っていたらしい。女性はほとんど口を開かなかったので、その場の会話はなかったみたい。ところが、不動産会社の営業マンが、たまたま帰りのエレベーターで、佐妃子さんを名乗る女性と乗り合わせたようなんだよ、それでねぇ……」

くだんの不動産会社の営業マンが、ニセ海老澤佐妃子の嘘に気付いたきっかけが、エレベーターでの会話だった。以下のようなやり取りをしたという。

「私の田舎の茨城県には、桜のすごく綺麗な場所があるのです。ちょうどこれからが見ごろになるので、たまには田舎に帰ってあの桜が見たいな」

営業マンが彼女にそう話しかけた。すると意外な返事が返ってきた。

「私の田舎にもね、桜の綺麗なところがあるのよ。私も帰って桜が見たいわ」

本物の海老澤佐妃子は五反田の旅館育ちであり、他に故郷はない。このひと言のおかげでくだんの不動産会社は仮契約寸前のところで思いとどまったという。「それでことなきをえたんだよ」と町内会の役員は、こう笑った。

「営業マンが会社に戻ったあとでその話になって、怪しいと気づいたんだ。でも、積水ハウスは違ったんだな」

海喜館の取引は、すでにこの段階で計画した内田らから小山らにバトンが渡されていたものと思われる。そこで小山たちは、手当たり次第に開発できそうな不動産会社に話を持ち込んだ。他の会社は不審に感じて契約までいかなかったようだ。こうして最後に残ったのが、積水ハウスだったのである。

海喜館の不動産登記簿で確認すると、そこには小山本人やその関係先とすぐにわかる会社は出てこない。「IKUTA　HOLDINGS」という会社が、持ち主の海老澤佐妃子から海喜館を買い取り、積水ハウスに売却を仲介した形になっている。

まずIKUTA社が一七年四月二十四日、ニセの海老澤佐妃子と売買予約という形で所有権移転の仮登記をし、さらに同じ日付で、積水ハウスがIKUTAと売買予約契約を結んでいる。IKUTAが海喜館の売買の仲介窓口として、積水ハウスに売り渡す契約を交わしたわけである。なぜそんな手間を踏んだのか。

地面師詐欺では、はじめに不動産ブローカーや事件師が蠢き、そのあと小さな仲介業者が出てきて実際に開発を手掛ける大手不動産業者に物件を売り渡すパターンが多い。中間業者がいくつも登場するケースも少なくない。最初の不動産ブローカーを含めたそのなかの誰かが、なりすまし犯を仕立て上げる地面師である。もっともいざ事件として発覚すると、そこにかかわった登場人物の多くは、自分たちもニセ地主だと気づかずに騙された被害者だと主張する。それも捜査が難航する理由だ。

前述したように、海老澤佐妃子には名取弘人、叻二という異母弟の法定相続人が存在した。佐妃子自身が異母弟の存在を知っていたかどうか、そこはいま一つ定かではないが、二人には海喜館を相続する権利がある。そこへ降って湧いたように起きたのが、今度の事件だ。

繰り返すまでもなく、ニセの海老澤佐妃子と海喜館の売買予約契約を交わし、法務局で登記簿に仮登記したのが、ＩＫＵＴＡである。登記簿上、売買予約を済ませ、取引窓口になったＩＫＵＴＡは、近藤久美（三五）という女社長が代表取締役となっているが、会社のオーナーは生田剛（四六）という。この二人もまた、偽造有印私文書行使などの容疑で逮捕された。取引の直接窓口となった中間業者である。

佐妃子の異母弟として海喜館を相続したはずの名取兄弟は、ＩＫＵＴＡに所有権移転の仮登記を外してもらわなければ、海喜館を自由にできない。が、善意の第三者を主張するＩＫＵＴＡ側は、なりすましの事実が判明してなお、「当時はニセ佐妃子が真の所有者だと信じていた」と仮登記の抹消手続きに応じなかった。そこで名取兄弟は売買予約の「仮登記抹消」の請求訴訟を起こしたのである。訴訟は彼らが逮捕されるまで続いた。もとよりＩＫＵＴＡ側の主張はでたらめだが、現場で何があったか、裁判によりことの経緯を知ることはできる。

この民事裁判資料を参考にしながら、海喜館がいかにして地面師たちの手に落ちたのか、その詳細を追ってみた。

街の不動産屋より大手

ことは佐妃子が日赤医療センターに入院したひと月後の二〇一七年三月十日にさかのぼる。ＩＫＵＴＡ側が作成した準備書面によれば、生田剛は佐妃子の知人を称した木村隆司なる人物から海喜館の件を紹介されたという。その二週間後の三月二十五日、ニセ佐妃子側の弁護士事務所で最初の打ち合わせが設定された。そこには、佐妃子の体調がすぐれないという理由で、弁護士を加えた三人の代理人が現れた。

「そのうちの一人が、小山だった」

生田自身はそう主張している。つまり、生田は小山のことを事前に知っていたわけではないという。したがってなりすましなどについて承知しているわけがないという理屈である。また生田は、その打ち合わせの場で、小山たちから海老澤佐妃子の委任状を見せられ、すっかり信用したのだと言い張ってきたが、そこはかなり怪しい。

関係者たちの二度目の打ち合わせは、それから一週間ほど後の四月三日だ。日比谷の帝国ホテル一階のロビーラウンジで、小山と小山が連れてきたニセ佐妃子の羽田、彼女の内縁の夫と称する前野こと常世田、生田と生田側の弁護士たちが落ち合った。このとき小山たちは偽造したパスポートや印鑑証明を用意していた。小山はその日のうちに生田を連れ、帝国ホテルから銀座の公証役場に向かい、公証人に偽造書類を使って佐妃子の本人確認をさせた。少なくともこの時点から、生田が海喜館の売買に関する権利を握り、取引の窓口役を担うことになる。

裁判資料によれば、このときはまだ積水ハウス以外の不動産業者も海喜館の取引に乗り気だったという。が、一〇日後の四月十三日には、他の業者が手を引いたとしている。町内会役員たちの話とつき合わせれば、この一〇日間のあいだに不動産業者に声をかけていき、残ったのが積水ハウスだったという結果なのだろう。

「実は当初、マイクたちは積水ハウスのような大企業が話に乗ってくるわけがない、とむしろ慎重だったそうです。それを説き伏せたのが小山でした」

この間の出来事について、地面師グループと親しい事業家はそう話した。くだんの事業家が聞いたという彼らのやりとりはこうだ。

「積水みたいな上場企業じゃなく、別をあたってみたらどうか」

歴戦の内田が、小山を頭ごなしに止めようとした。すると小山は笑いながら反論した。

「いやいや、積水なんてちょろいもんです。マイクさんは知らないだろうけど」

内田が言った。

「上場企業はそれなりの体制があるから、取引の審査が厳しい。無理だろう」

そう言われてもなお、小山は食い下がった。

「いやいや、マイクさんは街の不動産屋しか知らないから、融資詐欺みたいなしょぼい発想しかできないのと違いますか。俺は積水の人間も知っているからね」

その場にいた犯行グループのメンバーは、あの内田マイクにそこまで言い切る小山に対し、目を白黒させたという。だが、結局、小山が押し切った。

もっとも実際に積水ハウスの担当者と懇意だったのは、小山ではなく生田だった。くだんの裁判資料には、生田は以前から解体事業などで積水ハウスの営業担当部長代理と知り合っていた、とも記されている。四月十三日、その部長代理を通じ、小山らはシャーウッド住宅支店に出向き、上司である部長の決裁を仰いだ。シャーウッド支店は木造建築を扱う部署であり、マンション事業部門ではないが、当日はたまたま部長がそこにいたからだという。部長はすんなり取引を決め、ここから取引がとんとん拍子に進むことになる。

常務が前倒しした決済

四月二十日、小山と生田が海喜館の売買条件について積水ハウス側の部長や部長代理と具体的な交渉に移る。そこで、六〇億円の売却金額で話が折り合い、契約の条件として、四日後の二十四日までに追加の手付金一二億円を支払うことも決めた。残る四八億円の支払いについては、七月末の決済とした。

なお、海喜館の購入代金はのちに七〇億円と公表されている。それは積水ハウス側がニセ海老澤佐妃子に対し、旅館売却後の住まい用などとして、自社のマンション購入を薦め、それらの取引額が含まれているからだ。さらに取引の過程で積水側は、七〇億円のうち六三億円を先払いしたと発表したが、そこの疑問については後述する。

四月二十四日、西新宿のホウライビルにある積水ハウスの事業所で一二億円の手付金が支払われた。紛れもない正式な取引だ。ビルの五階にある東京マンション事業部会議室に関係者全員が顔をそろえ、小山たちは海喜館の不動産権利証を用意した。海老澤佐妃子が半世紀も前に両親から譲り受けた書類だと前置きしたそれは、赤茶けていて、ところどころ破れかけていた。

「ほう、これはめずらしい。ずいぶん、古い権利証ですな」

積水ハウスの担当者は、前のめりになってそう漏らし、書類を本物だと思いこんだ。すぐに手付金として一二億円の預金小切手を振り出し、ニセ佐妃子に手渡した。これにより売買予約の登記手続きができる。この時点で地面師グループの犯行は、五〇％以上進んだといえた。

だが、そこに思わぬ邪魔が入った。

〈積水は騙されている〉

そう記された内容証明郵便が五月十日、積水ハウス本社に届いた。差出人は海老澤佐妃子となっており、海喜館を連絡先としている。相手は佐妃子のなりすましなので取引を中止せよ、という内容だ。いわゆる警告文のような体裁である。さらに翌十一日、似たような内容証明郵便が送り付けられ、文書は合計四通におよんだ。

ところが積水ハウスでは、これを怪文書扱いし、スルーした。先のニセ佐妃子、羽毛田の代理人弁護士が作成した〈事実経過報告〉には、関係者が集まり、文書に関する対処を検討している様が記されている。積水ハウス側の取引責任者は常務執行役の三谷和司だ。三谷たち積水ハウス側はとうぜんのごとく小山や羽毛田たちを呼び出した。羽毛田の弁護士による〈事実経過報告〉は、〈平成29年5月23日（火）午後3時事務所会議室〉の出来事として、次のように書く。

〈三谷常務から海老澤と名乗る人物に対し、「積水ハウスに宛て去る4月24日の売買契約を締結したこともないし、それに基づく所有権移転請求権仮登記を承諾したこともないという海老澤佐妃子の、記名かつ佐妃子という印鑑を押印した怪文書的な通知書が4通ほど来ているが」と言ってその4通の通知書の写を机に提示し、「これはあなたが出したものではないのですね」と問い質すと、海老澤を名乗る人物は「私はこのようなものを出したことはありません」と答えた〉

すでになりすましが判明したあとの〈報告〉だけに、三谷たちが呼び出したのは〈海老澤と名乗る人物〉としているが、当時は疑っている様子がまるでない。もとよりくだんの弁護士も、取引当時は佐妃子がニセモノだと気づかなかったという前提で〈報告〉を書いている。それにしても積水ハウス側の調査はあまりに杜撰《ずさん》で、甘い。改めて本人だと確認する書類のフォーマットまで事前に用意していたというから、疑う気がないのである。〈報告〉はこう続く。

〈三谷常務は「あなたが出したものではないのであれば、それが違うということを確約してもらう書面を持参しているので」と言って、確約書を提示し、「そこに住所、氏名を自署し、実印を押印し印鑑証明書を添付して欲しい」と申し入れた。海老澤を名乗る人物は、すぐに確約書に住所、氏名を自署し、実印を押印して、それが実印であることを裏付ける印鑑証明書と共に三谷常務に交付した〉

つまるところ積水ハウスでは、この調査をもって〝警告書〟を怪文書扱いしたのである。投書のあった五月といえば、すでに本物の海老澤佐妃子は末期の癌で、文書を記せる状態ではない。従って差し出し人不詳の文書であるのは間違いないが、かといって積水ハウス側がそれを知っているはずもない。つまるところ調べもせず、やり過ごしてしまったのである。おまけにそれどころか、売買の決済を予定より早めてしまう。民事裁判の準備書面によれば、五月二十五日、積水ハウス常務の三谷の指示により、従来七月末としていた決済日を六月一日と大幅に繰り上げたとしている。まるで大急ぎで決済しなければならないかのような慌てぶりだ。

実は、小山たちと積水ハウスとのあいだでおこなわれた一連の会議の途中で、なりすまし工作がばれそうになった瞬間もある。それが決済前日だ。弁護士の〈報告〉にも〈平成29年5月31日（水）午後3時　事務所会議室〉での出来事として、互いのやりとりが書き残されている。

〈海老澤佐妃子を名乗る人物は、（本人確認の際）1944年申年であるにもかかわらず酉年であると記載した〉

そこに気付いた積水ハウス側の司法書士が問い詰めると、小山たちは単純なミスだと言い逃れた。むろんそれでは納得できない。不審を抱いた積水ハウス側は、〈海老澤佐妃子を名乗る人物が所持しているパスポートの旅券番号等が記載されているページを赤外線ペンライトを照射して調べた〉（同・報告）という。

言うまでもなくペンライトの照射は書類偽造を見破る手法の一つで、パスポートに透かしが入っているかどうか、あるいは本物の写真の上からニセモノの写真を張り付けていないかどうか、それらを検証することができる。ところが、それもクリアーしたと〈報告〉にはこうある。

〈（ペンライトをあてたところ）添付されている女性の写真と同じ顔が浮かび上がってきたことが確認でき、このような透かしを入れるようなことは偽造ではできないので、パスポートは本物なのではないかということになり、パスポートが本物ならば海老澤佐妃子を名乗る人物は海老澤佐妃子本人と言えることになるので、取引を進める

ことになった〉

そうして六月一日の決済日に備えて、手続きを進めていった。先の五月二十三日付のニセ海老澤側弁護士の〈報告〉にはこうもある。

〈海老澤を名乗る人物は、自分は5月21日日曜日に海喜館に入って残置物を点検したが、欲しいものはないので全て処分してもらっても構わないような話をした。この三谷常務執行役員とのセッティングは前日の昼過ぎ頃までに小山氏から、海老澤佐妃子と、積水ハウス株式会社との間で打ち合せをしたいので、会議室を貸してほしいし、T（原文では当該の弁護士の実名）も同席して欲しいという申し入れに基づいてなされたものであった〉

売買代金六〇億円のうち、手付金を差し引いた残金の四八億円の処理については、次のように記している。

〈この確約書の差し入れを受け、積水ハウス側は4月24日の売買契約書に基づく決済時期が7月末日になっていたのを第《ママ》3者による契約履行の妨害が考えられ、それを回避するためにできる限り早めたいということになり、変更契約を締結し直して、6月1日には本登記と引換えに売買残代金約48億円を一部留保して決済するという方針が決まった〉

一方、民事訴訟における生田側の準備書面によれば、残金である四八億円の支払いの大半が預金小切手でなされていた、と詳細に記されている。小切手はぜんぶで五枚あったという。

一、　海老澤佐妃子手元分　三六億七九二四万四〇〇〇円
二、　弁護士費用　一〇〇〇万円
三、　土地調査費用　七五万六〇〇〇円
四、　解体工事代着手金　一〇〇〇万円
五、　別途契約金　七億四九七〇万八〇〇〇円

最も大きな海老澤佐妃子への支払いについては、およそ三七億円の支払いのうち、二八億三八八四万四〇〇〇円が銀行口座に入金されている。むろん入金先は地面師たちが偽造書類を使って新たに作成したニセ佐妃子の口座だ。その他、残りはさらに五〇〇〇万円から三億三〇〇〇万円までの範囲で六つに細かく分散されて入金されている。そこから、いったん地面師グループにおける「銀行屋」、つまり金融ブローカーが、積水ハウスの振り出した小切手を現金化する役割を担った。最終的にそれらの現金がどこに流れたか。それが捜査の焦点になる。

積水ハウスの払い込み窓口となったＩＫＵＴＡについては、さすがに民事訴訟の資

料からは大きな金の流れは見えない。オーナーの生田におよそ一〇億円が渡っている、という新聞報道もあった。が、実際にそれがすべて生田の懐に入ったかどうかは不明だ。

ちなみに生田は政界や芸能界にも知己の多いある種の著名人でもある。会社の所在地が元代議士の小林興起事務所に登記され、小林夫人の明子も役員として名を連ねていたことでも、注目を集めてきた。まだ事件が摘発される前、その小林興起に取材した。

「詐欺が表沙汰になってから、初めて私どもの事務所にIKUTAが登記されていることを知りました」

はじめは、そんな話をして埒《らち》が明かなかった小林事務所だが、当人に確認してもらうとニュアンスが変わってきた。

「小林の記憶によれば、IKUTAから小林事務所に登記を置かせてほしいと依頼があったのが（事件の）二年ほど前だそうです。当時、支援企業の対応を任せていた秘書が、小林が落選中だったので事務所に何か利益になればいい、という思いもあって話を持ってきたそうです。その方（生田のこと）ともお会いし、女性向けの美容、健康事業をする会社だとのことで夫人も名前を貸した。ですが、実際には何の事業もスタートしませんでした。事務所のスペースを貸す窓口の秘書は家賃収入なども期待していたが、それもまったく発生しませんでした。先方からは、『今回はこんなことになってしまって申し訳ない。ただ、自分も騙された側で小林事務所にはご迷惑をかけないので、ご心配なく』とご連絡があり、『自分は積水ハウスさんに繫いだだけ。まさか本人確認もしないでこの案件を進めていたとは理解できない』と言っているそうです」

調査報告書の裏事情

「分譲マンション用地の取引事故に関する経緯概要等のご報告」

犯行から九ヵ月後の二〇一八年三月六日、積水ハウス株式会社代表取締役社長、仲井嘉浩の名でこう題した発表がなされた。

〈平成29（二〇一七）年8月2日付で発表いたしました『分譲マンション用地の購入に関する取引事故につきまして』（以下、「本件」といいます。）に関し、社外役員による『調査対策委員会』の平成30年1月24日付調査報告書を受領いたしました。これを受けまして、当社としての本件に関する経緯概要並びに再発防止に向けた取組み等を以下の通りご報告いたします〉

その〈1・事件の経緯概要〉という項目でこう記している。

〈東京マンション事業部が担当する業務のなかで、東京都品川区西五反田の土地建物（以下、「本件不動産」といいます。）につき、その所有者と称するA氏（後に、偽者と判明しました。）から、その知人の仲介者が実質的に経営する会社（以下、「X社」といいます。）を中間の売買当事者とし、X社から転売される形式で、当社がこれを買い受けることとなりました。4月24日、A氏とX社の間の売買契約、X社と当社との間の売買契約という2件の売買契約を同時に締結するとともに、所有権移転の仮登記申請手続を行った上で、手付金を支払い、仮登記が完了しました〉

繰り返すまでもなく、A氏がニセ海老澤佐妃子の羽毛田正美で、X社がＩＫＵＴＡ社である。

これではほとんど事件の詳細がわからない。報告書にはこうも書かれている。

〈なお、事件経緯のご報告につきましては、捜査上の機密保持への配慮のため、これ以上の詳細説明は差し控えさせていただきます〉

とどのつまり六〇億円あまりを手にしたのは誰か。そこが事件解明の焦点になる。

事件はこれで終わらない。「調査対策委員会」の事件の経緯概要はこう続く。

〈売買契約締結後、本件不動産の取引に関連した複数のリスク情報が、当社の複数の部署に、訪問、電話、文書通知等の形で届くようになりましたが、当社の関係部署は、これらのリスク情報を取引妨害の嫌がらせの類であると判断していました。そのため、本件不動産の所有権移転登記を完全に履行することによって、これらが鎮静化することもあるだろうと考え、6月1日に残代金支払いを実施し、所有権移転登記中請手続を進めましたが、6月9日に、登記申請却下の通知が届き、A氏の詐称が判明しました。当社は、直ちにA氏との間での留保金の相殺手続を実施し、実質的被害額は約55億5千万円となりました〉

そもそも積水ハウスが一七年八月に公表した詐欺の被害額は六三億円だった。総額七〇億円の取引総額からすると、七億円も少ない。さらに次の調査委員会で特定した〈実質的被害額〉となると、そこからさらに八億円近く減り、五五億五〇〇〇万円としている。その分、積水ハウスが被害を免れていることになるが、実質的な被害とは何を意味するのか。そこには妙なカラクリがある。

前述したように、積水ハウスと地面師グループとの取引は、五反田駅前の海喜館だけではなかった。海老澤佐妃子のなりすましは、なぜかこれとは別に積水ハウスのマンションを購入する契約を結んでいる。それが中野区にある「グランドメゾン江古田の杜」という名称の分譲マンションだ。積水側は地面師詐欺に遭っている取引の渦中、このマンションの一一戸の部屋を海老澤のなりすまし役に売るべく、交渉を重ねて契約までしているのである。

積水ハウスでは六三億円を払い込み総額とし、手付金を一四億円として残りの四九億円を契約当日の二〇一七年六月一日に払ったとする。その金額が先の民事訴訟や〈事実経過報告〉のそれと微妙にずれている。民事訴訟では売買代金を六〇億円、手付金を一二億円としてきた。

一方、積水側は払い込んだ六三億円からニセ佐妃子に売ったマンションの売買代金を差し引いた金額の五五億五〇〇〇万円について、実質的な詐欺の被害額として発表している。これらの誤差は何を意味するのか。先の不動産業者が指摘する。

「マンションの売買を担当したのは、東京マンション事業部であり、その際、ニセの海老澤佐妃子が担当者と直接契約しています。つまりニセモノが積水ハウスに何度も足を運んでいて、なりすましに気づいていないということになる。そんな話がありえるでしょうか。積水ハウスが発表した第三者委員会の調査報告書ではこの点がすっぽり隠されています。それは隠さなければならない事情があったからではないか」

積水側が海喜館の購入代金を支払うついでに、せっかくだから分譲マンション販売の営業をかけた。表面的に見れば、単なる営業努力の成果のように感じる。が、こと地面師案件だけにそう単純とは言い切れないかもしれない。

ニセ地主を仕立て上げる地面師事件では、なりすまし役と買い手の接触をできるだけ減らすのが彼らの常道である。理由はニセモノだとバレないようにするためだ。ニセ地主を取引現場に登場させるのは、たいてい一度きりで、取引の細かいやり取りについては、手馴れた地面師グループの交渉役がおこなう。

だが、積水ハウス事件では、肝心かなめの旅館の売買とは別に、なりすまし役がマンションの購入契約を結んでいる。それ自体が極めて奇異なのである。積水ハウスは取引総額七〇億円のうちマンションの内金六億七三九〇万円を差し引いたおよそ六三億円をまるまる騙しとられているのではないか。そんな疑いも浮かぶ。発表した被害額との差を含め、不自然な取引や微妙な金額の誤差の裏には、表沙汰にできない何らかの理由があるのではないか。

事件は日本を代表する住宅建設会社の経営を揺らした。騙されたその責任をめぐり、会社のツートップが反目し、あげくにクーデター騒動に発展する。

会長追い落としクーデターの舞台裏

それは、事件から半年あまり経った二〇一八年一月二十四日の出来事だった。

「ではこれより取締役会を開催します」

午後二時ちょうど、大阪市北区の積水ハウス本社で、会長の和田勇が議長として、重役会の開催宣言をした。七六歳（取締役会当時。以下同）の和田は細身の身体に似合わないハリのある声をしている。取締役会のメインテーマが、東京・五反田の海喜館をめぐる地面師詐欺なのは言うまでもない。和田はすぐにその議題に入った。

「本日、調査対策委員会が進めてきた調査報告書が提出されました。執行の責任者には極めて重い責任があります」

積水ハウスでは事件を公表したひと月後の九月、社外監査役と社外取締役らで調査対策委員会を立ち上げ、事件の経緯を調べてきた。その調査結果の報告がなされたのが、この日だったのである。和田を含めた九人の社内役員に加え、二人の社外取締役を加えた一一人の内外の重役が会議に参加していた。

「したがって最初に、最も重い責任者である阿部俊則社長の退任を求めます」

和田はそう切り出した。社長解任の緊急動議である。戸建て住宅のハウスメーカーとしてスタートした積水ハウスは、近年のマンションやリゾート施設の開発、さらには海外事業も手掛け、業績を伸ばしてきた。その立て役者が和田であり、実力会長として業界に名を馳せてきた。一〇歳違いの阿部を社長に引き立て、バックアップしてきたともいえる。いわば二人は師弟関係にあったのだが、その弟分の社長をばっさり切り捨てようとしたことになる。それほど事件の衝撃は大きかった。

半面、実は社長の解任については、本番の前に開かれた社外取締役会でも諮《はか》られていたので、すでに情報が漏れ伝わっていた。そのため出席した重役たちのあいだにはさほどの驚きも、混乱もない。まるで予定されていた行事であるかのように、採決へと進んだ。事前におこなわれた社外取締役二人の協議では、阿部の退任に異論はなく、和田の申し出が了承されていたからでもある。解任動議の当事者である阿部は、ひとり会議室をあとにし、一〇人の重役による社長退任の決議が粛々とおこなわれた。

しかしその緊急動議の採決は予想外の結果に終わった。賛成五に対して反対も五――。数だけでみると真っ二つに割れているように思えるが、阿部を外した一〇人の出席者の内実は、社外の二人と会長である和田以外に二人の賛成しか取り付けられなかったことになる。むろん過半数にも達していない。そのため、社長の解任動議は流れてしまう。

すると今度は、会議室に呼び戻された社長の阿部が反撃に出た。

「私は混乱を招いた（取締役会の）議長解任を提案します。新たな議長として、稲垣士郎副社長を提案します」

すでにこの時点で勝敗は、決していたともいえる。単純に計算すると、内外一一人の全取締役のうち、和田派は五人、一方の阿部派は本人を入れると六人だ。その計算どおり、議長交代が六対五で可決された。そして返す刀で阿部が立ちあがって告げた。

「ここで、会長である和田氏の解任を提案します」

こうなると、退席した和田の一票が減る。そうして一〇人の重役の投票により、会長の解任動議が六対四で可決されたのである。

社長の阿部は、もとよりこの日のクーデターを想定して動いてきたに違いない。〇八年に社長の座に就いて以来一〇年ものあいだ、会長の和田の顔色をうかがいながら、経営にあたってきた。とりわけ東京の不動産ブームに乗り、マンション事業を推し進めてきたが、まさにそこで躓《つまず》いたのである。

危機感を抱いた阿部は取締役会に先立つ一七年十二月には、マンション事業部本部長を務めてきた常務執行役の三谷和司に詰め腹を切らせた。東京シャーメゾン事業本部長で同じ常務の堀内容介にマンション事業を兼務させ、法務部長や不動産部長の部長職を解くといった更迭人事に手を付けていった。

そうしておいて自らは、和田に代わって会長に就任すべく、事件直後から動いた。

「今度の件で、君に社長を任せたい、と思っているのだけど、どうかな」

そう囁かれたのが、常務執行役の仲井嘉浩だった。仲井は阿部にとってひと回り以上年齢が下の五二歳で、和田からするとふた回り違う。大幅な若返り人事でもある。なにより社長の椅子を約束する打診を断るはずもなかった。

こうして和田退任のレールを敷いた上で臨んだのが、先の取締役会だったのである。阿部会長、仲井社長という新たな布陣を決めた重役会のあと、阿部が会見に臨んだ。

「五反田の件の責任はどうなるのですか。今度の社長人事はその結果でしょうか」

そう尋ねる質問が相次いだ。それは無理もない。五反田の海喜館取引に積極的に乗り出したのが、当の阿部だった。自ら現地の視察にも訪れ、社内では社長案件と呼ばれてきた。が、阿部は自らの取り組みはむろん、取締役会でのクーデターのことなどおくびにも出さず、こう言い張った。

「それは関係ありません。（若返りのための）人事刷新です」

三月五日には、個人株主が阿部を善管注意義務違反などで訴え、損害賠償と遅延損害金の支払いを求める請求をおこなった。そのあたりから、警視庁による本格的な捜査が始まる。

主犯格を取り逃す

「二〇一七年度内の三月中には、地面師グループをいっせい摘発できるのではないか」

取材してきた記者のあいだではそう事件の早期解明が囁かれた。一七年八月以来、ずっと燻《くすぶ》ってきた事件摘発の期待が高まったが、警視庁の捜査はそこからずれ込んでいく。

「八月末の新捜査二課長への交代を待って、九月はじめの捜査着手ではないか」

「すでに事件は警視総監マターなので、三浦正充さんが総監に着任する九月半ばかな」

そんなさまざまな検挙情報が駆け巡ってきた末、ついに警視庁は十月十六日、海喜館を舞台に暗躍した地面師グループ八人の逮捕にこぎ着けたのである。

これだけの一斉検挙となると、一つの警察署には収容できない。身柄の拘束先は、当人の住居や留置所の空き状況によって異なった。逮捕第一陣となった八人の氏名と逮捕時の年齢、留置した警察署を改めて挙げると、生田剛（四六）が渋谷署、近藤久美（三五）が原宿署、佐藤隆（六七）が赤坂署、永田浩資《ひろすけ》（五四）が目白署、小林護（五四）が代々木署、秋葉紘子（七四）が原宿署、羽毛田正美（六三）が東京湾岸署、常世田吉弘（六七）が戸塚署だ。

事件におけるそれぞれの役割を記すと、ＩＫＵＴＡホールディングスの生田と近藤が積水ハウスとの取引窓口で、佐藤は小山とともに行動してきた首謀者の手下、小林は運転手役だ。指定暴力団住吉会の重鎮だった小林楠扶の息子であり、そのことも一部で話題になった。また秋葉は犯行における重要な役回りをした。持ち主のなりすまし役を引き込む手配師である。その秋葉から旅館の持ち主、海老澤佐妃子のなりすまし役に任命されたのが羽毛田で、彼女の内縁の夫役が常世田だ。

警視庁は逮捕予定者を一五人前後と定め、捜査に着手した。この第一陣の八人が逮捕された四日後の二十日、逃げていた佐々木利勝（五九）を逮捕し、三田署に留置した。佐々木は地主のニセ振込口座づくりを担い、九人目の逮捕者となる。二十七日には連絡係の岡本吉弘（四二）が出頭し、二十九日、一一人目の逮捕者となったのがあの北田文明だった。その後の三木勝博（六三）、武井美幸（五七）と合わせると、警視庁はここまでで一三人に縄を打ったことになる。

だがその実、あろうことか、警視庁は肝心の主犯格の一人であるカミンスカスこと旧姓小山操（五八）を取り逃がしている。

第一陣検挙の三日前にあたる十月十三日一時十五分、NHKをはじめとしたマスコミ環視のなか、小山は羽田空港からフィリピン航空ファーストクラスに乗り、悠々と高飛びした。事情通によれば、その経緯は以下の通りだという。

「何度も取り調べを受け、捜査が迫っているのを知った小山は当初、仲間の三木と関《かん》釜《ぷ》フェリーに乗って下関から韓国の釜山に渡ろうとした。航空便より船便のほうが港の監視態勢が緩いと考えたからです。しかし三木に誘いを断られたあげく、早朝の船便に間に合わず、いったんは韓国行きを断念した。しかし、いよいよ捜査の手が近づくと、愛人のいるフィリピンに向かうことを思い立ったのです。はじめ成田空港からJAL便に乗ろうとしたところ、日本の航空会社は警察に通報する危険性が高いと思い直し、羽田から出ているフィリピン航空に切り替えたと聞いています」

関釜フェリーの件はマスコミにも漏れていなかったようだが、そのあとの足取りはしっかり新聞やテレビ、週刊誌の記者にとらえられ、報じられている。警視庁にとっては大失態であるが、新聞やテレビがさほど問題にしないのは、捜査当局から睨まれ、警察情報からシャットアウトされるのを恐れるからだろう。

記者がそこまでつかんでいるのに、なぜ警視庁は肝心の主犯を取り逃がしてしまったのか。

「そのせいで、犯行グループに内通している警視庁OBがいたのではないか、とも囁かれています」（事情通）

むろん小山は国際指名手配され、その後逮捕された。事件の奥行きはもっと深い。これまで書いてきたように、積水ハウス事件を企画・立案したのは、小山ではなく、内田マイクであり、北田文明である。たとえば第一陣の逮捕組である永田は内田の連絡役であり、五五億五〇〇〇万円を振り分けるための銀行口座を用意して九人目の逮捕者となった佐々木は、北田の指示を仰いできた。それぞれ、内田グループ、北田グループとして、他の地面師事件でも名前が挙がってきた。さらに積水ハウスの預金小切手を現金化する役割を担った土井淑雄（六三）という存在も明らかになっている。私が北田と遭遇した時に取材をしていた、あの地面師である。土井は事件のなかで金融チームを結成し、現金を振り分ける役割を担ってきたとされる。

入院していた地主の海老澤佐妃子は、この決済直後の六月二十四日に病院で息を引き取った。地面師たちはそこを狙いすましたかのようでもある。

なかでも内田と北田という二人の大物地面師は積水ハウス事件を計画立案した。そして警視庁は十一月二十日、一四人目の積水事件犯として内田を逮捕した。文字どおり神出鬼没の詐欺集団を率いてきた大物二人を手中に収めた。だが、経営トップの〝クーデター騒動〟にまで発展した事件で騙しとられた五五億五〇〇〇万円は、闇の住人たちの手で分配され、すでに溶けてなくなったとみたほうがいい。

第二章 頂点に立つ男

●内田マイク（環リアルパートナーズの過去のHPより）

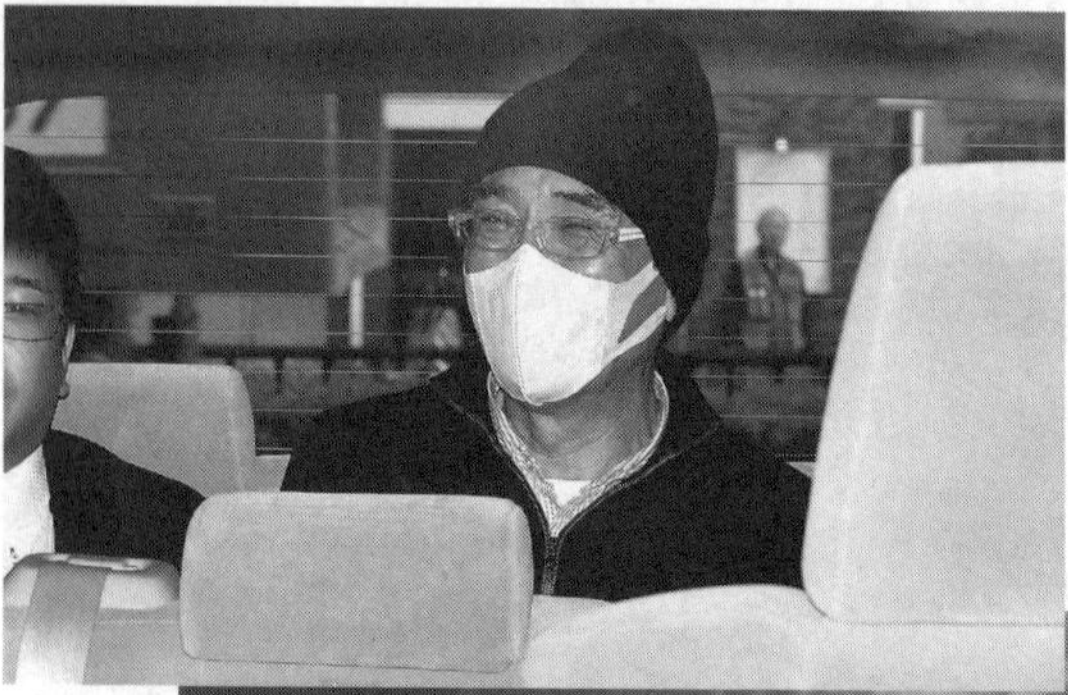

逮捕されて警察署に移送される際も不敵な笑みを浮かべる（2018年11月20日）

内田マイクらが2億5000万円を詐取する地面師事件を起こした杉並区浜田山の駐車場

内田マイクの正体

二〇一六年の暮れも押し迫った十二月十九日、不動産業者の耳目を集めた事件の裁判が、東京地裁で開かれた。被告人はこの数年来、都心の地面師詐欺事件の多くにかかわってきた内田英吾こと内田マイクである。前述した積水ハウス事件でも、警視庁はずっと首謀者と睨んで捜査を進めてきた。数多くの地面師事件における最大のターゲットだ。実は積水事件の二年前に警視庁は内田を摘発し、内田はこのとき地面師詐欺の被疑者として証言台に立った。

午後二時、その裁判が始まった。傍聴席から見た証言台の内田は、妙な貫禄があった。

当時六三歳、内田は身長一八〇センチ前後ある長身で、がっしりした体軀をしている。丸刈りに近い白髪交じりの短髪に黒縁のメガネをかけ、黄色いネクタイに濃紺のブレザーを羽織っていた。一見すると、大学や企業のラグビー部監督のようないでたちだ。が、その正体は二〇年ほど前に「池袋グループ」と呼ばれた集団を率いていた犯罪集団のボスである。内田はいかにも詐欺集団を率いる親玉然としていた。

当時はあまり注目されなかったが、内田の存在が新聞などで初めて取り沙汰されたのは、二〇〇〇年代に入ってからだった。ＩＴバブルといわれた時期にあたる。六本木ヒルズ族に代表された新興成金がファンドを使った不動産投資に浮かれていった。それを後押ししたのが首相の小泉純一郎だ。内閣に首相肝煎りの都市再生本部が置かれ、文字どおり、東京や大阪などの都市の再開発計画が立ちあがっていく。ヒルズ族が集う六本木には、都市再生計画の目玉に据えた東京ミッドタウンが出現した。

久方ぶりに訪れたそんな都心の不動産バブルは、内田ら地面師たちの暗躍するかっこうの舞台となる。

〈「地面師」５組織が暗躍　暴力団、直接関与も　警視庁が全容解明〉

〇三年二月六日付毎日新聞夕刊は、彼らを特集した。〇二年四月に警視庁捜査二課が内田を逮捕し、そこから地面師グループの実態が表面化してきた。記事は次のように書く。

〈不動産登記の申請書類を偽造して所有者になりすまし、他人の土地を勝手に転売する「地面師」のグループが都内に五つ存在することが警視庁捜査２課の調べでわかった。相互に連携を図りながら、少なくとも十数件の物件を転売するなどしていた。同課がこれまでに詐欺容疑などで逮捕した約30人のうち３人が暴力団組員で、暴力団の直接の関与が初めて明らかになった。警視庁は不況下で、暴力団が新たな資金源とし

て地面師グループに接触を図ったものとみて解明を進める〉

地面師集団は、新宿や池袋、錦糸町などの駅前の喫茶店やホテルにたむろしてきたため、当時、警視庁はそれを「新宿グループ」や「池袋グループ」「総武線グループ」（別名・錦糸町グループ）などと呼んだ。そのなかで内田は池袋グループの頭目として逮捕され、悪名が知られるようになる。ちなみに当時の最大勢力は新宿グループとされた。一九九八年には元マラソン選手の瀬古利彦から三九〇〇万円を騙し取ったとして犯行グループが逮捕されたこともある。内田の率いた池袋グループと新宿グループについて、警視庁はこう発表していた。

〈「池袋」の事件では住吉会系組員（44）が所有者役を務めたが、「新宿」の事件では、43歳と47歳の山口組系組員2人が所有権移転のシナリオを描くなど中心的役割も果たすようになった。

ある捜査幹部は「暴力団は地面師詐欺だけでなく、取り込み詐欺や偽札づくりにも関与している。不況でしのぎが厳しくなって、資金源獲得のため、なりふり構わず犯罪に手を染め始めた」と指摘している〉（同・毎日新聞）

こうして内田はいったん検挙され、懲役暮らしを余儀なくされる。服役後、釈放された当人が数年前に復活した。二〇〇〇年代初めに検挙された多くの地面師が引退するなか、活動を再開した数少ない地面師の一人だ。いまや日本の地面師集団の頂点に立つ、と評判の大物詐欺師である。

前述したように、マイクといっても、外国人やハーフではない。本名ではあるが、以前は英吾と名乗っていた。マイクという外国人のような名にしたのは、どのような経緯なのか。

一説によると、駐留米軍の兵士と日本人妻のあいだに生まれ、苦労してこの世界に入った、とまことしやかに伝えられてきた。だが、どうやらそうではなさそうだ。積水ハウス事件のカミンスカス操が旧姓の小山から改姓したように、内田は服役後にマイクを名乗るようになった。

概して地面師たちは、詐欺のテクニックにかけて自信を持っている。単なる口八丁ではなく、彼らの犯行計画は計算された上で動いている。一方、いくら大物といっても、広域暴力団の組長や極左の過激派のリーダーのように著名でもなく、その素顔はほとんど世間に知られていない。そんな地面師の代表格の一人が、内田マイクといえる。

マンション開発ブームの裏で

「マイクのことはよう知っとるで。前は六本木のクラブで黒服をしとったんですわ。俺らはその頃からの付き合いやさかい、三〇年くらい前の話ですな。けど純粋な日本人のはずやで、少なくとも米兵のことなんか聞いたことあらへん」

そう語ってくれたのは、山口組の元幹部である田之上龍三（仮名）だ。言うまでもなく「黒服」とはバーやクラブのボーイのことを指す。文字どおり黒い服を着ている黒子だ。田之上はバブル当時、東京進出を果たした山口組山健組系の三次団体に所属し、不動産や株取引で稼いできた。その後、引退するがかつては経済やくざとして知られてきた。こう推測する。

「マイクいうようになったんは、洒落かもわからへんけど、氏素性を誤魔化す意味があるんかもしれませんな」

埼玉県出身の内田は、若い頃からゴルフに熱中し、かなりの腕前でもある。二〇一五年六月に開かれた「内閣総理大臣杯第四六回日本社会人ゴルフ選手権」の「マンデートーナメント埼玉会場Aブロック」で、八七のスコアーでプレイし、一〇位に入っている。そのときの出場名は「内田英吾」で自ら経営する不動産会社「環《たまき》リアルパートナーズ」所属となっている。

前述したように、内田マイクが地面師として暗躍するようになったのは、八〇年代後半から九〇年代初頭にかけた最初のバブル当時ではなく、そのあとにやって来た九〇年代末から二〇〇〇年代前半のIT・ファンドバブル期だ。田之上がこう記憶をたどった。

「九〇年代初頭のバブル崩壊後しばらく不動産はさっぱりやったけど、この頃になると、ホリエモンや村上ファンドなんかが出てきて景気がようなった。それで、新興のマンションデベ（デベロッパー）の羽振りがようなっていってね。青山メインランドや京和建物、ダイナシティ、ABCホームなどの地上げ業者が、マンション開発のデベロッパーとして成功していった。そんななかでマイクも地上げの世界に足を踏み入れていったんや」

不動産取引で成り上がってきた新興デベロッパーの経営者たちの多くは、山口組や住吉会といった広域暴力団とのつながりも深く、また同業者同士の付き合いも多い。この頃、芸能人やスポーツ選手、政治家のタニマチとして名を馳せる一方、当人の生活が派手になり、事件にまみれるケースも少なくなかった。

たとえば「中興建設」という小さな建設会社の創業からスタートした中山諭は、九九年十二月に同社をダイナシティと社名変更し、「スカーラ」シリーズを売り出した。独り身のサラリーマンや共働きの若い世帯向けのワンルームマンションとして大当たりした。

ところが〇五年、とつぜん覚醒剤事件で逮捕される。会社は堀江貴文の率いるライブドアに買収されたが、そのライブドアも粉飾決算事件にまみれ、ダイナシティは倒産、清算されてしまう。

またＡＢＣホームは九四年に塩田大介が設立した。塩田は青山メインランド社長である西原良三の運転手から成りあがったといわれる。バブル崩壊後に売れ残った大手不動産業者の在庫物件を「ドメイン」シリーズと命名して低価格で転売し、大きな利益をあげていった。東京・西麻布の五階建てマンション一棟を買い取り、「迎賓館」と称して有名人を招き、評判になった。

その塩田も、折からのＩＴやファンド業者の摘発が一段落したあとの〇八年十二月、東京地検特捜部に法人税法違反（脱税）容疑で逮捕される。〇九年八月に執行猶予付きの懲役二年の有罪判決を受けたのち、一一年九月には西麻布の自宅前で暴漢に襲われた。そのＡＢＣホームの財務部長として塩田といっしょに脱税で有罪判決を受けたのが、積水ハウス事件の主犯格だったカミンスカスこと小山操だ。小山は六本木の右翼団体に所属し、国税当局とのパイプを吹聴し、企業の税務対策を依頼されるようになったという。

こうして新興デベロッパーが乱立するなか、内田はいつしかマンションデベロッパーや暴力団関係者と接点を持つようになり、地上げを手伝うようになる。内田をスカウトしたのが、京和建物の遠藤久人だった。遠藤はライオンズマンションの大京から独立し、巨乳タレントの細川ふみえと結婚して芸能界を驚かせた。暴力団関係者との交友も多く、サイパンでおこなった細川との挙式の際、恐喝事件を引き起こした。一方遠藤の下で地上げを始めた内田は、マンションデベロッパーの世界で少しずつ頭角をあらわしていく。先の元山口組幹部の田之上が語る。

「内田マイクは京和の遠藤から、エイトランドという会社を任されていた時期もあったで。遠藤よりずいぶん年上やから、頼られたんと違うかな。エイトランドの社長を名乗り、いっときはけっこう羽振りよかった。俺らもデベの連中のいろんなトラブルの相談に乗ってきたし、そこにマイクらも入ってきよった。訳《わけ》アリ物件の情報をけっこう持っとるから、重宝したんや思うわ」

六本木の黒服から不動産会社の社長に転身した内田は、やがて地面師として名を知られるようになっていった。池袋グループのボスとして逮捕されるのは、前述したとおりだが、同じ頃、デベロッパーのあいだで話題になったもう一つの事件があった。田之上がポツリと言った。

「森内いう男がやった銀行ローンの詐欺やけど、エイトランド時代の内田も関係していたはずやで」

ホームレスが五〇億の住宅ローン

くだんの詐欺事件は〇三年に繰り返しおこなわれ、二年後の〇五年に摘発された。逮捕されたのは山口組系組幹部の森内正弘ら四人の犯行グループだ。森内は「シエロ・ホーム」というマンションデベロッパーを使い、ホームレスにマンションを買わせて銀行ローンを組ませるという手法で荒稼ぎしていった。その手口を田之上が解説してくれた。

「まずは、川崎あたりのホームレスを雇って住民登録をさせるんや。ほれで次に、彼らをサラリーマンに仕立てて、給料の源泉徴収票をとる。勤め先は、八百屋でも魚屋でもどこでもいいのやけど、言うたらその一つがシエロ・ホームや。経営の苦しいところを会社ごと買っておいて、そこからホームレスに給料を払ったことにしておく。とうぜん税金も納めて源泉徴収票をつくり、それをもって銀行の窓口に行って、住宅ローンを組むんですわ。銀行にしてみたら、書類はそろっとるし、保証会社の保証もつけてローンを組んでもらえるから何の問題もあらへん」

ホームレスには小遣いを渡す。が、銀行の窓口に行くのは別人だ。いわばこれもなりすましの一種といえる。犯行グループは、印鑑証明や納税証明書など、住宅ローンの申請に必要な書類を準備し、なりすまし役が何食わぬ顔で銀行と掛け合う。

そうしてホームレス一人あたり、四〇〇〇万円から五〇〇〇万円の銀行ローンを組ませ、偽マンション業者「シエロ・ホーム」に代金を振り込ませていったのである。

森内らは、神奈川県を中心におよそ二年にわたり、横浜銀行や東京三菱（当時）、UFJ（同）、みずほなどから一六〇件、総額五〇億円という巨額の融資をまんまと引き出していった。元山口組の田之上はこの手の詐欺にもやたら詳しい。

「ホンマはローンさえ受け取れば、それでええのですが、少しずつ返済もするんです。もちろん遅れ遅れで、五万円とか三万円とか……。そうしたら、返済する気はあるいうことになるし、時間稼ぎにもなる。だからなかなかばれへんかったと思います」

内田がここにどこまでかかわっていたのか、そこについては立証されていないので明らかではない。が、まさしく地面師詐欺の住宅ローン型のような手口といえる。

内田は〇二年に池袋グループの頭目として逮捕されて服役してからおよそ一〇年後、またしてもこの世界に舞い戻った。古手の地面師たちが姿を消すなか、スター地面師として斯界の耳目を集めるようになり、いまや地面師グループの頂点に君臨するとまでいわれる。警視庁のある捜査幹部は、内田についてこう分析した。

「地面師詐欺は地価が高騰してきた東京でここ数年、頻繁に起きているが、摘発できているのは氷山の一角というほかない。その地面師がらみの多くの事件で、マイクは何らかの足跡を残していると言われています。例の新橋四丁目の資産家が白骨死体で発見された変死事件でも、その名が取り沙汰されています」

　新橋の事件はあとまわしにする。

　そんな内田がとつぜん警視庁捜査二課に逮捕されたのは一五年十一月十日のことだ。逮捕容疑は杉並区浜田山の土地の所有権を無断で移し、嘘の登記申請をした電磁的公正証書原本不実記録・同供用などだった。

　総勢九人が一斉に摘発された。警視庁としてはかなり大掛かりな捜査といえる。それは、まさに内田という大物地面師に狙いを定めたからであり、ようやく逮捕にこぎ着けたことになる。

地面師集団の役割分担

　数ある警視庁管内の地面師詐欺のなかで、捜査当局が摘発できても、逮捕した犯行グループ全員を起訴に持ち込むケースはほとんどない。その理由はさまざまだが、一つには犯行グループには、単なる口座貸しや見張り役といった比較的関与の薄い人物が紛れているからでもある。

なにより警察や検察が事件の全貌解明にいたる捜査を詰めきれず、主犯を取り逃がして事件を矮小化してしまう傾向がある。したがって逮捕時より、起訴する人数が大幅に減るケースが散見される。なかにはかなり重要な役割を担っている犯人でさえ取り逃がすことも少なくない。それはとりもなおさず、捜査当局の敗北なのだが、それもまた地面師事件の特徴の一つといえる。

内田が計画立案し、浜田山の駐車場の持ち主のなりすましを仕立てた事件では、警視庁は最終的に一〇人を逮捕し、うち七人を起訴した。これはめずらしく捜査がうまくいったケースといえた。東京都杉並区浜田山の駐車場のニセ地主を使い、横浜市内の不動産業者に売りつけて二億五〇〇〇万円をまんまと詐取していた。典型的ななりすまし地面師詐欺だ。その事件を詳しく見てみる。

警視庁捜査二課が事件で逮捕した一〇人のうち、起訴できたなかには、八重森《やえもり》和夫（起訴時六八）という大物もいた。内田と並び称されるほどの古手の地面師であり、もう一人の主犯といえる。逮捕されたのは、そのほかに七二歳の渡邊政志や六三歳の大賀義隆、五四歳の福田尚人《ひさと》、五二歳の大島洋一、六九歳の高橋国幹《くにみき》と続く。いずれも年齢は、東京地検が起訴した一五年十二月二十二日時点のものだ。

その逮捕・起訴からおよそ一年が経過した一六年十二月十九日のこの日、来る一月二十五日の判決言い渡し前の検察側による論告求刑がおこなわれた。それがこの章の冒頭に記した裁判である。

地面師詐欺における常套手段でもあるが、この事件でもその犯行は役割分担され、何段階にも分かれた複雑な経過をたどっている。

概して犯行の第一段階は、狙い目の土地を物色し、地主の情報をかき集める作業である。内田たちが浜田山の駐車場に目を付けたのは、二〇一一年五月半ばのことだ。論告公判によれば、土地に関する情報をもたらしたのが、大賀だったという。大賀は内田の指揮下にあるいわゆる手下といえた。内田をよく知る地面師の一人が、次のように明かす。

「内田には女房のやっている浜松町の会社、環リアルパートナーズのほか、いくつか事務所があり、正式な社員かどうかは不明ですが、従業員を雇っています。その事務所の一つを訪ねると、従業員がパソコンに向かい、片っ端からめぼしい不動産登記をピックアップしている。登記をもとに、自動車で現場を視察する。そんな視察部隊まで常駐していました。そうしてどこを狙うか、なりすましやすい資産家の物件情報をかき集め、常にターゲット候補を抱えていたのでしょう」

ちなみに環リアルパートナーズは、内田が内田英吾として社会人ゴルフ大会に出場していたときの所属会社だ。前述したようにかつて新宿や池袋、錦糸町や秋葉原といったＪＲの主要駅にたむろし、縄張りを築いていた地面師グループも、いまはすっかり様変わりしている。地面師として生き残っている内田のような数人の大物が、計画に応じてその都度、声をかけ、必要な人材をかき集める。事件ごとにそれぞれの役割を担う詐欺師たちが離合集散を繰り返す。そんな犯罪集団を形成している。

頭目である内田は、まず手下の大賀からもたらされた物件情報をターゲットにできるかどうかを判断しなければならない。そして次にやることが、なりすまし役のスカウトだ。ターゲット物件の地主と年恰好の似たニセ地主役を仕立てなければならない。

地面師グループにとって、犯行が成功するかどうか、カギを握るのが、このなりすまし役だといっても過言ではない。それだけに彼らにとって重要なのだが、浜田山の事件でそこに抜擢されたのが、渡邊だった。渡邊は逮捕後、検察の取り調べに対して次のように供述した。

「（一一年）六月初めごろ、（共犯で逮捕された）高橋国幹からニセ地主役をするよう指示されました。そこで会ったのが、内田でした」

不動産業界ですでに有名な内田は、実際の土地取引現場には、極力顔を出さないようにしている。売却先に対し、仕掛け人が内田だと知られたら、それだけで取引を打ち切られる恐れがあるからだ。

また万が一、なりすまし役が逮捕されても、内田は知らんぷりする。警察がなりすまし役との具体的な接点をつかんでいなければ、当人に捜査がたどりつかない。そうも考えている。地面師詐欺において役割分担するのはオレオレ詐欺と同じく、実行犯と犯行の元締めとの距離をできる限り遠ざけるためだ。

したがってなりすましを仕立てる手配師は、常に内田たち企画立案者とは別に存在する。先の地面師はこともなげにこう話した。

「簡単にいえば、グループのなかに手配師がいるわけです。それが今度の場合は、高橋です。手配師たちはいわば専門職で、たいてい彼らの後ろには大掛かりな手配師のネットワークがあります」

手配師たちはなりすまし役をどのようにして探してくるのか。むろんなりすまし役は俳優ではない。が、犯行において取引現場に立ち会い、地主らしく振る舞う演技力が欠かせない。

「東京で仕事をする手配師の多くは、千葉と神奈川にネットワークがあるとされます。その典型的なパターンが温泉街の人脈でしょう。そこからなりすまし役を調達するパターンが少なくありません。千葉の手配師は、北関東の栃木や群馬の温泉地から、神奈川は箱根や熱海などに強みがある」

先の地面師が、こう説明してくれた。

「彼らが仕立てるのは、温泉地のコンパニオン派遣会社に登録をしている芸者崩れの中年女性なんかが多い。男女とも過去はそこそこいい暮らしをしていて、何らかの事情で身を隠して清掃の仕事や風呂番なんかをしている。地方にはそういう訳アリを束ねているやくざもいて、手配師にはそのネットワークがあるんです」

内田や八重森のような頭目が、物件ごとに手下を集める。昨今の地面師詐欺は、そうして寄せ集められた人間が仕事を分担する。それだけに捜査当局も、彼らのつながりを把握しづらい。そこで、いざ捜査の手が伸びたとき、犯行グループの主要メンバーたちは決まってこう言い訳をする。

「まさか地主が偽者だとは知らなかった」

なりすまし役のスカウト

浜田山の駐車場詐欺でなりすまし犯として渡邊を逮捕した際、警視庁が把握していた当人の住居は、埼玉県北部の住宅街にあるアパートの一室になっていた。東京の都心に出るには、電車で一時間ほどかかる住宅地だ。念のため、そこを訪ねてみた。

簡易鉄骨モルタルづくり三階建てのそのアパートはかなり古く、築二〇年以上が経っているようにみえる。警視庁は部屋番号まで発表していないので、すぐにどの部屋なのかわからないが、ほとんどの部屋には表札がない。仕方なく、三〇軒近くあるアパート全室のほとんどを尋ねて回った。

「渡邊さんのお宅はどこでしょうか」

インターフォン越しにそう尋ねていくと、不審そうに問い返す住人も少なくなかった。

「おたくどなた？　最近、そうやって聞いて回る人がけっこういるのよね。いったい何があったの？」

訪ねてくるのはマスコミ風ではないらしいので、ひょっとしたら警察だったのかもしれない。そんな雑談をアパートの住人とかわしながら、なかには親切な人もいた。こう答えてくれた。

「ああ、その人（渡邊のこと）ね。たぶん○×号室ですよ。でも住んでいないんじゃないかしら」

その○×号室のインターフォンを押したが、むろん誰も出ない。それどころか、生活感がなく、住んでいた気配もない。ひょっとしたら単に住民票を置いていただけかもしれない。地面師グループたちは足がつかないよう、なりすまし役に住民票だけを移させることぐらいは朝飯前なのだろう。なりすましの絶対条件として、身元が容易にわからない人物であること、犯罪歴のないことなどが必須だという。

浜田山の駐車場詐欺事件でなりすまし役として登場した渡邊は、過去に地面師との直接的なつながりもない。

「単なる報酬目当てだった」

渡邊は公判でもなりすまし役になった理由として、そう本音を吐露している。億単位を騙し取る地面師詐欺で重要な役回りを果たすなりすまし役としての報酬は、上限二〇〇万～三〇〇万円だとされ、ふつうは数十万円らしい。ちょっとした小遣い稼ぎの感覚で犯行に手を貸すケースも少なくないという。

つまりなりすまし役の大半は、過去に事件で登場したような前科持ちの詐欺師や事件師ではなく、ほとんどが素人だ。そうでなければ足がつきやすいからだが、その分、内田たちにとっては不安も残る。したがって地面師グループがなりすましを採用する際には、必ず面接をする。そのポイントはどこか。

「一つは、しゃべりがうまいこと。それと記憶力がいいことでしょうか。そこを見極め、使いものになるかどうか、判断し、雇うのです」

先の地面師は、いっこうに悪びれる様子もなく、そう話した。面接では、取引に備えた予行演習などもするという。

「実際に事務所で取引を想定して目の前に座らせ、マイクたちが『これから本人確認をさせていただきます』と取引相手側の司法書士役をしながら、あるいは実際にお抱えの司法書士にテストをやらせる。『身分を証明できるものを提示してください』と質問し、あらかじめ用意して渡しておいた偽造の免許証なり、パスポートなり、高齢者手帳なりを出す。『何年何月生まれですか』『本籍はどこですか』『ご兄弟は』『生まれ年の干支は』などと矢継ぎ早に尋ね、淀みなく答えさせるんです」

なりすまし役は犯行の成否を左右するだけに、その選抜には神経を遣う。そのため面接は、たいてい主犯格がおこなう。事実、浜田山の事件だと、内田や八重森がみずからなりすまし役の渡邊を面接している。渡邊は、検事の取り調べに対し、こう供述した。

「内田の面接を受けたあと、（手配師の）高橋から地主役の面接に合格したと告げられました。その後、神田の喫茶店で別の人物と会うよう指示されました。そこでは運転免許証用の写真を持参するよう言われました」

渡邊は、内田に続けてもう一人のリーダーである八重森から面接を受けた。そのときの模様は以下のように供述している。

「喫茶店で八重森に会った際、運転免許証の顔写真を見せると、写真の背の景色などに問題があるといわれ、写真の撮り直しを指示されました。教わった写真店で撮り直した写真を渡し、それから真の土地所有者であるAのところに下見に行った。その帰りに、八重森から一万円をもらいました」

この一万円はなりすまし報酬としてはあまりに少なすぎるので、交通費のようなものだろう。地面師事件は、なりすまし役さえ捕まらなければ、立件されづらい。仮に逮捕しても口を割らなければ、捜査は難航する。口が堅いこともなりすまし役の前提条件だが、なぜか渡邊は捜査当局の取り調べに対し、あっさりと白状している。内田マイクたちにとって、なりすまし役の性格に思わぬ落とし穴があった。

マニキュアで指紋を消して

一瞬で億単位の詐欺を働く地面師グループは、犯行にあたり用意周到に手順を踏み、準備を怠らない。取引の際、指紋を残さない方法もある。

「取引に臨む際、（渡邊たち関係者は全員）指にマニキュアを塗っていた……」

内田の論告求刑では、検事がそう述べていた。指のマニキュアなどは、われわれのあいだでは半ば常識だ、と先の地面師はこう説明してくれた。

「それは、関係書類に指紋を残さないためです。不動産取引をするのにまさか手袋するわけにはいかないでしょ。それで、両手の一〇本の指の腹すべてに透明のマニキュアを塗っておくわけです。すると書類に指紋が残らない。ただ、逆に警察はまったく指紋のついていない不動産の書類を見ると、地面師たちの犯行を疑いますけどね」

地面師事件では、偽造した免許証や偽造パスポートを使ってなりすまし役を仕立て、その次に仲間内のブローカーと不動産売買をした格好を装う。そこからカモにする買い手を見つけ、土地や建物を転売する形をとるのが常套手段だ。

浜田山の駐車場詐欺のケースでも内田マイクは、仲間の福田尚人が経営する「ジェイ・パートナーズ」なるコンサルタント会社にくだんの駐車場を売却した体裁をとり、と同時に横浜市内の不動産業者に話を持ち掛けた。福田も逮捕され、すでに一審判決で懲役五年の実刑判決が下っている。

なぜ、そんな面倒な手続きを踏むのか。そこについて、ある都内の中堅不動産業者が解説してくれた。

「この取引は表向き間に入った福田に手数料や転売の利益を落とさせることを装っているが、実際の目的はそこではありません。福田のジェイ社とニセの地主との土地の売買契約書を作成する。それをもとに買い手に信用させる。それともう一つ、あいだに一枚嚙ませて、ばれたとき関係者を逃がすことによって事件をうやむやにできる」

この福田尚人という人物も、昨今の地面師事件にしばしば出てくる。福田をよく知る元山口組幹部はこう話した。

「福田はものになりそうな物件を見つけては、われわれのところにタネ銭を無心に来ます。菱（山口組のこと。代紋の山菱からそう呼ばれる）だけやのうて、関東の住吉なんかにも話が行くと聞いとる」

福田はその筋の世界にけっこう評判がいいようだ。こうも言った。

「福田は単なる詐欺師という感じでもなく、カネには綺麗ですわ。不動産ブローカーのなかには、カネを借りたまま、儲けたら逃げるような奴もおるけど、福田だけはけっこう持ってきよるしね。だから、われわれとも長続きするんと違うかな」

福田自身、元暴力団組員でもある。地面師は暴力団を金主にして活動資金を得ているケースが多い。それは言い換えれば、彼らの資金を運用する役割を担っていることにもなる。ときに暴力団の末端組員が犯行に加担する場合もあるが、それはむしろ稀なケースかもしれない。地面師たちの活動資金を用意する暴力団の幹部たちは、あくまで闇金融業者的な役割にとどまる。地面師詐欺に加わることもなければ、その犯行の実態なども敢えて聞かない。

一方、地面師として生き残っていく連中は、何度逮捕されても、その背景について口を割らない。それが信用力にもなり、次の仕事をしやすくなる。

ところが、このときばかりは用意周到に犯行を計画するはずの内田たちにとって、ある誤算が生じた。それがなりすまし役である渡邊の残した思わぬ証拠だ。渡邊はとても几帳面な性格だった。実は一連の事件に加わった渡邊は、普段のとおりに日常の出来事を日記につけていたのである。犯行直前の二〇一一年六月三十日の日記帳には、次のような記載があった。

〈八重森から（本当の地主A）名義で、自分の顔写真が表示された運転免許証、印鑑、偽造の印鑑登録証明書などを受け取った〉

捜査する警察にとっては、これが動かぬ証拠となる。日記が内田や八重森との関係性を立証する物証となり、これが地面師たちの命取りになった。

思いどおりに東京の都心や高級住宅地を蹂躙してきた大物地面師はそうして縄を打たれた。だが、それでおとなしく引っこんだわけでもない。

逃走した地面師のボス

浜田山の駐車場詐欺事件では、二〇一七年一月二十五日午前十時、東京地方裁判所の刑事事件法廷で内田マイクに懲役七年の実刑判決が下された。その後、内田は少しだけ被害者への賠償をし、高裁で懲役六年に減刑された。さらに最高裁に上告して保釈される。あとは最高裁の審判を待つ身になっていた。

一七年の年の瀬も押し迫った十二月、その内田のところに最高裁の上告棄却通知が届いた。と同時に、東京高検への出頭命令が下された。すると、内田は姿をくらましてしまう。それは、単なる収監逃れではなかった。むしろ、内田が恐れたのが、新たな事件の捜査だった。

第二章 新橋「白骨死体」地主の謎

2014年のマッカーサー道路完成でテナントビルと自宅（前ページ）の価値が跳ね上がり、結果的に「事件」は起きた

五輪人気で高騰「マッカーサー道路」

慶応四（一八六八）年に布告された「五箇条の御誓文」に基づき、新政府が東京に置かれ、幕藩体制に代わり明治帝を頂きとする国づくりが始まった。農業に依存してきたそれまでの経済から西洋の工業化を取り入れようとした政府は「文明開化」の旗印の下、まず鉄道の敷設に取り組んだ。明治維新から五年目の一八七二年、新橋、横浜間の東海道本線が開通した。東京駅より先に新橋駅ができたのである。ちなみに横浜駅は現在の位置ではなく、桜木町駅付近に建設された。新橋は老舗企業の本社が置かれた銀座に隣接し、文字どおり勤め人が集う交通の要所として栄えてきた。

戦中、日本の主要都市が米空軍の爆撃によって焼き尽くされ、家屋や土地の持ち主が雲散霧消する。戦後、そこは利権の渦まく一種の草刈り場になった。その典型が新橋だった。

東京中の官公庁が機能を失い、不動産の所有者が判然としない。戦後の闇市の多くは、それこそ縄を張って商売を始めたものだ。占領軍は治安の乱れに関心を示さないどころか、そこに乗じて悪さをした。警察が機能するはずもない。住人は銀座警察と称された住吉会をはじめとした現在の暴力団組織に頼るほかなかった。

暴力と利権が渦巻き、カオスと化した新橋には、地面師を生む土壌があったのかもしれない。操車場や貨物駅のあった現在の汐留地域ではなく、機関車の展示されている西口前は、今も得体の知れない不動産ブローカーや事件師たちがたむろする。事件は、JR新橋駅にほど近い歓楽街の一角で起きた。

二〇一六年十月十九日午前十一時半、警視庁愛宕署の捜査員が女性の遺体を発見した。それまで噂の域を出なかった新橋の地面師事件が、そこから確定的な話となる。

問題の土地は、新橋から虎ノ門方面に抜ける「東京都市計画道路幹線街路環状第二号線」から南西側に路地を少し入ったところにある。環状二号線のこの区間は通称、マッカーサー道路と呼ばれる。その名称は、終戦の翌四六年、ダグラス・マッカーサー率いる連合国軍総司令部（GHQ）が、虎ノ門の米国大使館と東京湾の竹芝桟橋を結ぶ軍用道路の整備を求めたという俗説に由来する。

この地域の都市開発は、もとはといえば占領軍が立案した計画だ。わけても都心を走る大動脈の建設計画だけに、地権者との調整が難しい。そのためマッカーサー道路の延長・拡幅計画は延び延びになり、当初から六八年も経た二〇一四年になってようやく完成した。道路沿いに建設された森ビルの「虎ノ門ヒルズ」とともに評判を呼んだものである。

奇しくも道路の開通は、リーマンショック後の世界的な金融緩和により、東京の不動産価格が急騰した時期と重なった。加えて二〇二〇年の東京五輪開催も決まり、新橋から東京の臨海部に抜けるマッカーサー道路周辺の地価は驚くほど上がった。

やがて九〇年前後のバブル景気を彷彿とさせるような地上げ業者が、古くなった新橋の繁華街の再開発を目論み、このあたりをうろつくようになる。事件はまさにそんな不動産バブル再来のさなかに起きた。舞台は高級クラブが犇《ひし》めき合う銀座にも歩いて一〇分ほど、会社勤めのサラリーマンたちの憩いの場である。

数ある地面師詐欺のなかでも、焼き鳥屋や居酒屋、スナックのネオンが眩い繁華街のど真ん中を舞台にして起きためずらしい事件だ。新橋の白骨死体事件と呼ばれる。

一六億円の資産家

ＪＲ新橋駅烏森口を背に左側に広がるネオン街を抜け、マッカーサー道路を渡ったところにくだんの土地がある。持ち主である高橋礼子は、新橋で生まれ育った。もとはといえば、不動産取引を生業《なりわい》としてきた祖父が、新橋五丁目に土地を手に入れ、一家が移り住んできたとされる。

都内で教師をしていた父親が早くに亡くなり、不動産を相続した彼女と母親がそこで二人暮らしをしてきたという。木造二階建ての狭い家だ。彼女はその住まいから歩いて一分もかからないところにも土地を所有してきた。住所でいえば新橋四丁目にあたる。そこには居酒屋やスナックの入居する四階建ての鉄骨づくりのビルと木造モルタルづくりの建物が建ち、彼女は文字どおりの地主として、土地を管理してきた。もっともそれらの建物はどれも建て直さなければ使えそうにないほど老朽化している。

たとえば一九六一年十一月に建築された四階建てのテナントビルは築五七年という年代物で、総床面積も一一〇平米に満たない。したがって建物の価値はゼロだろう。だが、土地にはかなりの価値がある。底地一三一・二六平米の公示地価は六億円を上回る。また一軒おいた隣の木造モルタルづくりの建物の底地も、三八・四〇平米あり、二億円近い価値だ。四丁目の繁華街に所有してきた五一坪の公示地価だけで、資産価値はざっと八億円という計算になる。

さらに自宅のある五丁目の敷地は一八二平米だから五五坪ほどの広さがあり、公示価格換算だと、およそ八億五〇〇〇万円になる。合計すると、彼女の資産は一六億円を優に超える。しかも公示価格は実際の相場より低いので、資産価値はもっとある。

彼女はそれらの不動産を両親から相続した。四丁目の不動産登記簿をのぞくと、昭和三十五（一九六〇）年七月六日の相続となっているので、父親はその頃に鬼籍に入ったのだろう。彼女はそこから母親と二人暮らしをし、テナントビルの底地として得る賃貸料だけで悠々自適に生活できた。土地持ちの気楽さからだろうか、本人は母親の死後もひとりで暮らし、すでに年齢は五九歳に達していたが、独身を貫いてきた。都心の物件二つを所有してきた資産家であり、商店街でも有名だった。人も羨む素封家の娘である。

二〇一六年十月、そんな資産家の地主が変わり果てた姿で発見された。きっかけは警察の捜査だ。警視庁愛宕署の捜査員が、彼女の自宅と隣の家のあいだに、うつぶせに倒れている遺体を見つけた。人間ひとりがかろうじて通れるわずか四五センチ程度の狭い隙間で発見されたのが、当の高橋礼子の白骨遺体だったのである。

しかも気がつくと土地は何者かの手によって転売されていた。新橋の資産家になりすました地面師詐欺――。不動産業界でそんな情報が駆け巡ったのは、無理もなかった。

九〇年代初頭のバブル崩壊後、都心の不動産はしばらく塩漬けになり動きがなかった。が、二〇一〇年頃から、大規模な高層ビルプロジェクトが持ちあがった。とりわけ東京駅周辺や銀座、新橋、虎ノ門あたりは大規模開発が目白押しとなり、不動産業界は沸き立った。新橋の地主の怪死は、まさにそんなときに起きた。

群がった地上げ業者

事件の経過を追う前に、まずは地主である高橋家の歴史と土地の状況を簡単に振り返っておこう。教師だった父親が他界すると、高橋家が所有してきたマッカーサー道路から通り一本入った新橋四丁目の土地の一角に、四階建てのテナントビルが建てられた。それが一九六一年十一月のことだ。もともと残された母と娘には都心にテナントビルを建ててひと儲けしようというつもりなどなかったのだろう。ビルを建設したのは高橋家とは関係のない「有限会社吉川加工」で、同社がそのまま建物を所有し、テナントを入居させて高橋家に借地料として敷地の地代を支払ってきた。

一般に土地の賃貸料は固定資産税の三〜四倍といわれる。新橋駅に近いこのあたりの地代は、安く見積もっても一坪あたり月額一万五〇〇〇円以上する。平均的には二万円前後だ。ビルの敷地が四〇坪とすると彼女たちにはひと月八〇万円前後の地代が入ることになり、母と娘の二人で暮らすには、十分だった。

実際の地代はあくまで地主と借り主のあいだで決められるため、相場の何倍というケースもめずらしくない。とりわけ九〇年前後のバブル期の相場は五〇坪あれば地代がひと月数百万円というケースもざらだった。

だが、逆にバブル崩壊後は、そうはいかない。古ぼけたテナントビルは、櫛の歯が欠けるように店子が出ていった。東京都内で幅広くビジネス展開している、ある不動産ブローカーに会うと、新橋事情に詳しかった。こう話した。

「高橋さんはバブル崩壊後にも地代を倍に上げようとしたみたい。でも、ただでさえテナントが埋まらないビルのオーナーにしてみたら、値上げなんてとんでもない。それで揉めているうちにお母さんが亡くなってしまった。それでもともと賃貸業などやる気のない高橋（礼子）さんは新橋を離れてしまったのです」

本来、手元に現金があれば、建物の所有者に立ち退き料を支払ってビルを建て替える手もある。が、彼女にそこまでの事業欲があるわけでもなく、またその気もなかったようだ。くだんのテナントビル取引にかかわった不動産業者の一人、鶴橋保（仮名）が、こう打ち明けてくれた。

「高橋さんはちょっと変わった人でした。二〇年前にお母さんを亡くした彼女は帝国ホテルで一周忌の法要を済ませると、家を出ていったのです。で、近所の商店街との付き合いもしなくなった。町内会の行事に出てこないのはともかくとして、町内会費まで滞納するようになって町内会が困っていたそうです」

彼女は自宅に寄り付かなくなり、次第に生活が乱れていく。かつて高橋家の所有していた葉山の別荘なども放置し、放浪暮らしを始めた。新橋に近い帝国ホテルや東京プリンスホテルを定宿にし、渋谷のエクセルホテル東急にまで足を延ばして都内の高級ホテルを泊まり歩くようになったという。

その情報を嗅ぎつけたのが、再開発を目論む地上げ業者であり、地面師だった。地上げを生業とする先の鶴橋は、さすがに彼女の周辺事情もよく知っていた。高橋礼子の所有する新橋の土地は、再開発を目論むデベロッパーたちが目を付け、立ち退きや地上げ交渉を繰り返してきた地域だった、とこう続けた。

「あそこは、多くの不動産業者が狙いをつけてきた業界の注目物件でした。さらにそこへ都心の再開発ブームが起きたので、動きが激しくなったのだと思います。多くの業者の狙いは、自宅のある五丁目ではなく、テナントビルの建っている四丁目の土地でした。公示価格で八億円以上あるので、そこを再開発できれば、その数倍の価値を見込める。少なくとも二〇億～三〇億円の価値に化けると目されていました」

二〇一三年には東京五輪の招致が成功し、地上げ合戦に拍車がかかった。

都心の再開発プロジェクトでは、大手の開発業者が自ら物色した土地に計画を立て、知り合いの不動産業者に地上げを依頼するパターンと、地上げ業者が土地をまとめあげ、開発業者に売り込むパターンがある。この土地の場合は後者のケースだ。まず地上げ屋やブローカーが先行してマッカーサー道路沿いに長方形の土地をまとめ、それを高層テナントビル用地として売り込もうとした。

「再開発に興味を示していたのが、NTTグループでした。で、誰が土地を取りまとめてNTTへ売り渡すか、ブローカー連中が争い合っていたのです」

前出の鶴橋はそう話した。高橋家の土地をめぐり、多くの業者が入り乱れた。

「そうして地上げ業者や不動産ブローカーが、入れ代わり立ち代わり地主の高橋礼子さんにアプローチしていった。ただ、彼女は家にいないので、なかなかつかまらない。なんとかホテルにいるところを見つけ出して交渉しても、彼女はいっさい取り合わず、首を縦に振らなかった。だから、計画がなかなか進まなかったのです」

再開発計画は、他の多くのそれと同じように、虫食い状態では進められない。なかでも高橋家の土地は角地にあり、再開発に欠かせなかった。彼女が土地の売却に同意しないので、計画そのものが進まず、事実、再開発計画はほぼ頓挫していたという。

そして、そこから地面師たちによる〝悪だくみ〟の芽が生えた。

三倍になる借地権

「地面師と一口に言うけど、彼らのほとんどは不動産ブローカーあがりで、現実の土地取引もしています。なかには地主に対して買う約束をして手付けだけを払い、転売して儲けるパターンもある。性質《タチ》の悪いブローカーは、手付け分の借用書を書いて相手に渡しておく。すると、あとから訴えられても、少しずつ返済すれば事件にならない。そういうやり方などは何度も見てきています。それもある種、地面師に近い手口ですが、地主はもちろんわれわれ普通の業者も騙されて、その物件を彼らから買わされることもある」

新橋の土地取引にかかわった別の不動産業者、初村道太郎（仮名）はそう語った。

「奴らは、むしろ最初はふつうに地上げをしようとします。だから見分けがつきにくいわけです。それがうまくいかなくなると、地面師仕事に切り替える。そういうパターンが多いようです」

不動産取引の世界では、地面師という詐欺師に限らず、開発業者やブローカーがひと儲けしようと権謀術数をめぐらす。わけても地上げ業者同士が競合しているような曰く付きの土地だと、二束三文の建物を地主から購入し、借地権を主張してひと儲けするパターンもある。実際、新橋四丁目の件でも、そうした借地権が横行し、話を複雑にしてきた面がある、と初村が解説してくれた。

「たとえば高橋礼子名義の二つの土地に挟まれた場所には、木造の三階建てテナントビルがあります。ここの建物の所有権を買い取ったのが、ウエストという不動産会社でした。ここはかつて新橋の地上げで名を馳せたマンションデベ、菱和ライフクリエイトの西岡進が経営している。西岡の狙いは、土地がまとまったあと、ＮＴＴグループに借地権を高く売りつけることだったのでしょう」

ウエスト社がこのビルの所有権を買ったのが二〇一六年一月だ。高橋礼子が白骨死体として発見される一〇ヵ月ほど前の出来事だけに、業界では何らかの関与があるのではないか、と噂されたが、関係性は不明である。事情を知る業者のあいだでは、ウエストはむしろこの一等地の再開発をめぐって借地権で儲けようとして建物を買っただけ、という見方が強いようだ。

「西岡といっしょに地上げしている不動産業者からは、彼が建物を買うために使ったのは二億から三億だと聞きました。高橋礼子さんの隣のビルだけでなく、この一帯の小さなビルや家屋を五軒も買い取ったそうです」

この土地に関与した多くの同業者と折衝してきたという初村は、こう言葉を足した。

「仮に三億円突っ込んだとしても、開発がうまく動き出せば、その二〜三倍のリターンになると思います。そういう目論見でこの土地に近づいて来た地上げ業者は、数限りなくいます。そのなかには、地面師連中と組んでいる輩もいますが、事件には手を染めていない第三者もいる。あるいは限りなくグレーの業者が、第三者だと言い張るためのアリバイをつくっている」

マッカーサー道路に面したこの一角に関しては、多くの不動産業者が周囲のビルの所有者への説得に走り回ってきた。実際、ウエスト社のように開発地域で上物の建物だけを買い取ったケースもあれば、底地を買い取る約束を取り付けてその権利を他に売ろうとしていたところもある。

そうして一帯の土地が地上げされていった。そのなかで彼女の所有地だけが、膠着状態に陥っていたのである。初村がつぶやいた。

「地上げ業者にとってはもう一歩のところ。だけど、彼女の放蕩ぶりはエスカレートするばかりでした。ホテル暮らしの手持ち資金が尽きてしまったのか、ワンカップ酒を買って路上で飲んでいたり、近所の知り合いに金を借りようとしたり……。銀行窓口に居座って一一〇番されたことまであったといいます」

かつての素封家の娘は、ホームレスのようになっていく。しまいにアルコール依存症のような状態になり、一六年の三月十二日には、愛宕署に保護される始末だった。さすがに警察に保護された彼女は、いったん家に戻ったようだ。だが、それから間もなく、地元新橋の住人も姿を見かけなくなる。心配した隣人が愛宕署に捜索願を出した。実は地主不在のその裏で、事態が動いていたのである。

白骨死体の謎

おそらく地面師たちは、彼女の変化を知り、そこに目を付けたのだろう。詐欺師たちはいったん動きだすと素早い。

くだんの土地は、すでに一四年四月十八日と八月十二日付で、住民税の滞納のため東京都の港都税事務所から差し押さえを食らっていた。不動産業者が地上げに手を焼いていたマッカーサー道路西側の一角で大きな変化が見られたのは、その翌一五年の春先のことだ。土地登記によると、四月十日、とつぜん新橋五丁目に住んでいたはずの所有者、高橋礼子が大田区大森南三丁目のワンルームマンションに引っ越したことになっていた。それは、地面師たちの下準備だった。ちなみに住民票の移動には、届け出る大田区役所に対し、本人確認のための身分証明が必要になる。そこをクリアーするため、地面師たちは得意の偽造パスポートを使った。なぜ、そんな面倒なことをするのか、先の初村が謎解きをしてくれた。

「高橋礼子さんになりすますためにパスポートを偽造して大田区に住所移転するぐら

いだったら、新橋の住所で印鑑証明をつくりなおしたほうが早いように思えるでしょう。けど、地面師たちはしばしばこういう手順を踏みます。その理由は別のところにある。住民票を大森に移したのは、住民登録と土地取引の自治体を別々にしたかったから。新橋の住所のままだと、どちらも港区内の処理になる。滞納している住民税の問題や近所の目があり、どこかで足がつくのを恐れた。地面師たちの常套手段で、そのためにわざわざ住所を港区ではなく、大田区に移したのではないかな」

高橋礼子は、住民票が移ったあとにも、新橋五丁目の自宅付近で近所の住人に目撃されている。住所移転は明らかな詐欺工作の一環だった。

そして不動産登記上、くだんの新橋四丁目の土地が他人の手に渡る。住民票移転のすぐあとのことだ。登記簿によれば、テナントビルの底地が一五年四月二十八日付で千葉県木更津市の不動産会社A社に売却されたことになっている。そこから転売がくり返されていく。一方でその途中、彼女は近所の住人の忠告により、所有地が人手に渡っていることを知ったともいう。だが、騒ぎ立てることもなく、そのまま取引が進んだ。

「最初の売買でなりすまし役を手配しようとしたのが、秋葉紘子だとされています。秋葉は芸能プロダクションの女社長という異名があるほど、なりすまし役を仕立てる手配師として有名です。その秋葉から指示されたニセ高橋礼子は、パスポート用の写真を撮り、それが偽造に利用されているようです」

初村がそう解説してくれた。前述したように秋葉は積水ハウス事件でも逮捕された大物手配師である。

ところが、このとき木更津市の不動産会社A社とニセ地主との売買取引を段取りした犯行グループにトラブルが生じた。

「どんな事情かわかりませんが、取引の日になりすまし役のニセ高橋礼子が現場に来られなくなったそうなのです。それで、慌てて秋葉本人が代役を買って出て取引に臨んだらしい。犯行グループにとっては、それがあとになって幸運をもたらすのですが、取引の現場では冷や汗をかいたでしょうね」

高橋礼子の土地はここから目まぐるしい動きを見せる。最初に土地を購入したかっこうのA社の所有権は、A↓B↓C↓D↓E↓Dとコロコロと移っていく。D社が二度出てくるのは、買い戻しているわけだ。つまり事件への関与が深いことの証しかもしれない。最後にD社からNTTグループの「NTT都市開発」がくだんの土地を買い取っている。

最初のA社からNTT都市開発まで、一五年四月から七月にかけたわずか三ヵ月のあいだに実に六社の転売を経ている。まさに目がまわるような土地取引である。

むろん転売は、それぞれの会社に購入と売却の差益を落とす目的もある。九〇年前後のバブル景気の全盛期にはしばしばあった。が、ここまで激しい転売物件は滅多にない。というより、地面師案件だけに複雑怪奇な様相を呈している。

そして行方不明だった高橋礼子が死体で発見されるのは、NTT都市開発の購入から一年三ヵ月後のことである。路地で倒れていた彼女はホームレス同然のボロ布をまとい、すでに白骨化していた。この間、いったい何があったのか。

遺体を発見した警視庁愛宕署では、彼女の死について「事件性はない」と発表した。あくまで自然死であり、殺人など他人が介在した犯罪ではないという趣旨である。しかし、それを額面どおりに受け止められないのは、私だけではない。この土地の取引に参加した不動産業者の初村も、こう推理する。

「あまりにタイミングがよすぎるのではないでしょうか。それに白骨死体だったということは、数ヵ月も放置されていたことになる。しかし、愛宕署は一六年の春に高橋さんの捜索願を受け、七月から八月にかけて自宅周辺を捜索しています。もちろん自宅にも立ち寄っているので、夏場の暑い時期に路地に遺体があれば、もの凄い異臭がしていたに違いない。捜索時にそれに気づかなかったというのは、どうも妙なのです」

実際、家宅捜索をした夏の時点では、彼女の死体は発見されていない。発見は十月だ。単に捜査員が見過ごしてしまったのかどうか。初村はこう首を捻る。

「少なくとも愛宕署では、最初にA社に土地を売ったときの取引で、本人確認用に見せたパスポートが偽造であることを突き止めています。ニセ高橋礼子側の司法書士も、警察に対してそれを認めているといいます。実際になりすまし役を務めた秋葉についても、警察はすでにその行動を押さえているみたいですから」

改めて時系列を整理すると、一五年春なりすまし取引、一年後の一六年春本人の捜索願い、さらにその半年後の十月死体発見という順だ。少なくともこの間、地面師詐欺が実行されている。なのに、なぜ、事件化しないのか。初村はこう言った。

「事件は単純なのでしょうけど、パスポート写真のなりすまし役を捕まえられていないからかな。そこを逮捕すれば、事件化するのではないでしょうか」

しかし、警視庁の捜査は難航を極めた。いったい主犯は誰なのか。

描かれた事件の絵図

初村はこう指摘する。

「もともと、この一帯を地上げしようとしてうまくいかなかったとき、内田マイクが話に加わってきた、と聞きました。おそらく計画にかかわっているのでしょう。それともう一人、A社に話を持ち込んだのが、D社の部長の肩書を持っていた相浦照明(仮名)です。D社は最終的にNTT都市開発にこの物件を売っている会社ですが、相浦はA社に土地の所有権を移させるときすでに、出口戦略としてNTT都市開発に引き取らせる絵を描いていたフシがあります。私は相浦から直接話を聞きましたが、A社にはいっときここを所有させるだけのつもりで、NTT側はこのときすでに土地の地上げの費用として相浦あてに一二億円を用意していたといいます。つまり地面師グループが、それを分配しようとした。もとはといえばそのアイデアを出したのが内田であり、そこに乗ったのが相浦ではないでしょうか」

もう少し、細かく見ていこう。初村が説明してくれた。

「相浦から聞いた話では、この取引にかかわる前、もともとD社の相浦はA社から借金をしていたといいます。金額は一億ほど。いわば借金を返すため、相浦は高橋礼子さんの土地の所有権をA社に移し、そこで資金づくりをした。これが事件の始まり。このときになりすまし役を手配したのが秋葉紘子だと見られています」

土地は、大田区大森南のワンルームマンションに住んだことになっているニセ高橋礼子からA社に所有権が移る。なぜその所有権移転が一億円の借金返済になるのか。

「あくまで名義だけの所有権変更ですが、A社は所有者として土地を担保に金融機関から融資を受けられる。椙浦は融資金で自分自身の借金を返した。そのあとの金融機関への返済は椙浦がおこなうというわけです」

実際、登記簿によれば、新橋にある高橋礼子が所有してきた四階建ての建物の底地を担保にA社は一五年四月二十八日、一億五〇〇〇万円の融資枠で金融機関から相当の金を借り入れている。四月二十八日はA社に所有権が移ったその日である。

ちなみに登記簿からすると、それからひと月半のちの六月九日、A社の所有権が抹消されている。それは何を意味するのか。初村の解説はこうだ。

「つまりA社はここで一連の土地取引から切り離されて関係ないことになっているわけです。椙浦はA社への借金返済のために一時的にA社に所有権を移しただけでしょうから、A社は本当に何も知らないかもしれません」

実のところ六月九日、A社の所有権が抹消されたと同時に、融資枠一億五〇〇〇万円の根抵当権も消えている。つまり借金返済が完了したということだ。その返済原資はどこから出ているのか。

そして、ここから土地の所有が、猛スピードで移っていく。A社の所有権が抹消された日と同じ六月九日には、二つの不動産会社が所有者として登場する。順番からいえば、A社から神奈川県相模原市の不動産会社B社がこの物件を買い取り、さらに東京都千代田区のC社に転売した形だ。一日でAからB、BからCと土地の所有者が変わっているのである。

なぜこんなことになっているのか。不動産業界の取材をするうち、運よくB社の社長をよく知るマンションデベロッパー経営者に出会うことができた。

「実は、うちもこの取引に乗らないか、と誘われたんです。社名貸しのようなものでいくらかになるというのですが、情報を集めるとどうも変なので断りました」

そう打ち明けてくれた。つまり、くだんのデベロッパーはB社とC社のあいだに一枚嚙んではどうか、と誘われたという。むろん転売差益をエサに取引に組み入れようとしているのだが、地面師事件では、登場する業者が多いほど、それぞれの事件の関与が見えづらくなる。

転売をくり返す業者が増えれば、その分分け前が減ることにもなるが、ある不動産ブローカーはこうも言った。

「地面師事件には、たいていいくつも業者が嚙んでいますが、その多くは曰く付きのところです。たとえばC社は築地にある銀座中央ビルの地上げで有名になりました。

そこではC社がもとの所有者である台湾華僑に五億円の支払いをしているかどうか、という裁判になったり、地面師事件でしばしば取り沙汰される悪名高い弁護士がビルを占有したり、とかなり揉めた。トラブルの多い地上げ業者として知られています」

新橋の土地取引でいえば、そのC社は所有権を取得して二週間ほど経った六月二十二日に港区の不動産会社D社に土地を売却した。かと思うと、D社は同じ日付で西新宿の不動産管理会社E社に土地を売却している。そこからひと月後の七月二十一日にはD社がE社から土地を買い戻した。そして同時にD社がその日のうちにNTT都市開発に土地を譲り渡しているのである。

いま一度、所有権の移転を整理すると、ニセ高橋礼子↓A↓B↓C↓D↓E↓D↓NTT都市開発という塩梅だ。先の初村が分析する。

「つまり取引の中心はD社の椙浦なのです。あとの会社は、知っていて半ば一蓮托生で取引に参加してひと儲けした地上げ仲間か、そこに誘われてあとから儲けようとしたが、事件とのかかわりは薄い、というパターンに分かれるでしょうね。いずれにせよ、そのなかでなりすましを仕立てている。それを誰が主導したか、そこがポイントでしょうね」

とどのつまり彼らの儲けの原資は、NTT都市開発の資金である。NTT側が被害者だ。仮に事件化すれば、NTT都市開発はニセ地主が売った土地に対し、一二億円を投じて買ったことになる。本物の地主はすでにこの世を去っており、今のところ相続人も見あたらない。となれば、土地は国庫に返上されなければならないようにも思える。が、そのあたりの処理は微妙なのだという。NTT側はあくまで契約上D社から不動産を購入しており、そこに瑕疵《かし》がないからだ。地面師詐欺の舞台となった物件のなかには、こうした矛盾を抱えたまま知らぬ間に再開発されたところもある。

新橋の地面師詐欺はいまだ犯人を摘発できていない。実はなりすまし役と目された秋葉紘子は愛宕警察から何度も取り調べられているという。だが、偽造パスポートには彼女とは別の写真が貼ってあった。つまりなりすまし役が二人いることになる。そのせいで警察の捜査は混乱した。半面、犯行グループにとってはそれがもっけの幸いとなった。

その秋葉は積水ハウス事件だけでなく、大手ホテルチェーン、アパグループが引っかかった赤坂の地面師詐欺でも逮捕されている。

第四章
台湾華僑になりすました「富ヶ谷事件」

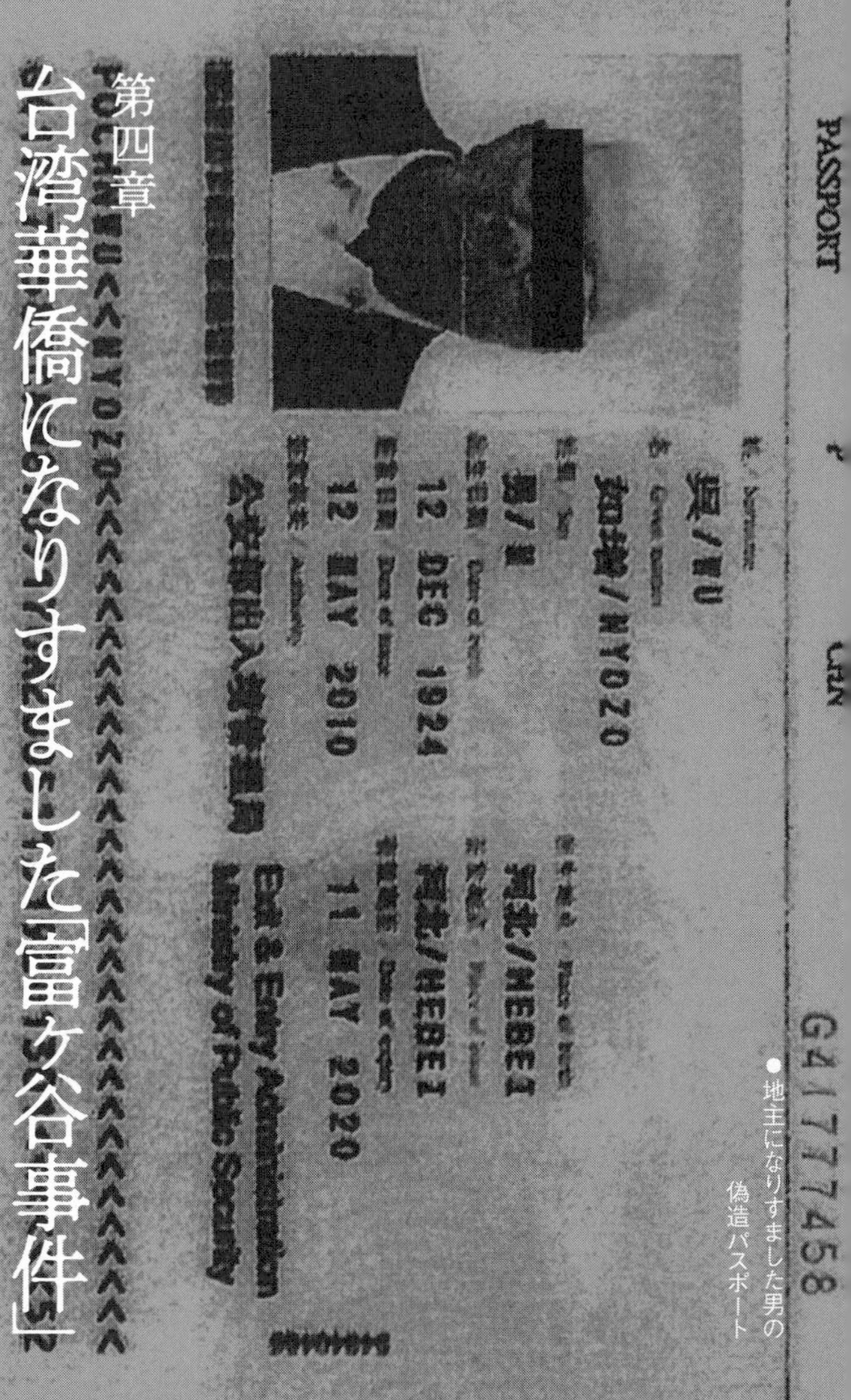

●地主になりすました男の偽造パスポート

井ノ頭通りに面した超一等地の空き地は、不動産業者なら誰もが欲しがる物件だった

目を付けていた土地

ＮＨＫ放送センターから参宮橋方面に向け、井ノ頭通りを車で走ると、右側に代々木公園の緑が広がる。左手は瀟洒なビルが立ち並ぶ。井ノ頭通りに沿って左折すると、テナントビルもあるが、住居用のマンションも少なくないエリアになる。都心に近いため、大企業の幹部や外国人が多く住んでいるという。地面師に狙われた渋谷区富ヶ谷一丁目の土地は、そんな好立地の物件といえる。だが、ビルに囲まれたそこだけは、草木が茂ってまったく手入れがされていない。一種、異様な空間でもあった。

古く終戦間もない時代に跋扈した地面師たちが、二一世紀の現在、東京や大阪の都心で蘇っている。とりわけこの数年来、地面師による不動産のなりすまし詐欺が横行し、警視庁が対応に追われてきた。もっぱら被害に遭っているのが、不動産取引のプロであるデベロッパーである。

なぜ、不動産取引の知識豊富なデベロッパーが、こういとも簡単に騙されてしまうのか。地面師事件の取材を始めた当初、誰もが抱くような疑問を私も持った。それが一連の事件を取材する端緒になったといってもいい。

「うちの場合、印鑑証明を偽造され、それに気づかないままでした。取引に立ち会ったこちらの司法書士も騙されています。司法書士の力量の問題もあります。ただ、事件に遭遇し、いろいろ聞いて回ると、最近の地面師たちは不動産取引に必要な書類を偽造するというより、同じ物をつくれるらしい。たとえば印影さえあれば、3Dプリンターを使って実印を作り、本物と見分けがつかないほど精巧な書類を偽造する。見破りようがないケースも少なくありません。また偽の実印を使って改印し、新たな印鑑証明を作り直す。そうした行為を繰り返せば、どの時点で書類が偽造されたか、わからなくなるから厄介です」

そう悔しがるのは、東京都内でマンション開発を広く手掛けてきた地道建造（仮名）という四〇代の不動産会社の経営者である。事件の発端は二〇一五年五月のことだ。同業の不動産業者から、渋谷区富ヶ谷にある住宅地の取引を持ち込まれたという。

「もともとの紹介者は、僕が独立する前に一緒に働いていた大手デベロッパーの先輩だった神津三四生（仮名）さんでした。神津さんも今は会社を経営しています。長年の付き合いもあって信頼のおける人なのは承知していました。不動産業界では知人や取引先からの紹介を受けていっしょに事業をやることも珍しくありません。だから深く考えずに話に乗りました。神津さんが見つけてきた物件の購入資金を私が調達して物件を買い、さらに大手デベロッパーに物件を転売してマンションを建てる事業計画でした」

地道にとって富ヶ谷の土地取引は、ふだんおこなってきたごく自然な不動産ビジネスだった。ことの経緯を次のように説明してくれた。

「井ノ頭通りに面しているくだんの土地は、私も車で通るたびに気になっていたところでした。なぜ、こんないい土地が雑木林のようになって放っておかれているのか、不思議でもありました。不動産業者なら誰もが欲しがるようなすばらしい土地で、車から降りてここらを散策したこともありました。いわば私にとって、あそこはもともと目をつけていたところでした。だからすぐに話に飛びついてしまったのです」

土地面積は四八四・二二平米（一四七坪）とさほど大きくはないものの、都心に近く高級マンション用地としてはうってつけだ。折しも日本銀行によるゼロ金利政策でマンション投資ブームが続き、新橋のような都心部の再開発だけでなく、都内のマンションブームが長らく続いてきた。さらに二〇一六年一月からは日銀総裁の黒田東彦《はるひこ》がマイナス金利政策に踏み切り、不動産ブームにいっそう拍車がかかった。不動産業界がマンション用地探しに躍起になっている時期だ。そんなタイミングで地道に持ち込まれたのが、富ヶ谷の住宅地売買だった。

地道たちは持ち主側から六億円以上の条件の買い取り価格を提示された。一四七坪で計算すると、一坪あたり四〇八万円とやや値段が高く感じた。だが、それでも十分採算が合うと踏んだ。

当人が話したように、ここまでは不動産業者がふだんおこなっている土地取引と変わらない。地道は単体でマンションを建設するのではなく、もとの紹介者である神津と組み、さらに大手のマンションデベロッパーに声をかけて了解を得て開発計画を立てた。いわば地道がいったん土地を買い、それをデベロッパーに転売する形だ。完成後のマンション販売は、大手マンション業者が担う。そんな計画である。

だが、あにはからんや、神津のところにもたらされた話が、まったくの出鱈目だったのである。地道たちは土地を買ったつもりで六億五〇〇〇万円もの大金を支払った。だが、その払い込み先である土地の所有者が真っ赤な偽者だった。というより取引そのものが、仕組まれた作り話だったのである。地道たちに話を持ち掛けたのは、吉永精志という元弁護士だった。

富ヶ谷事件は、日頃、マンション用地を目ざとく物色して開発する不動産のプロたちが、コロリと騙された。簡単に騙された理由が、取引における弁護士の登場である。弁護士という社会的信用が、不動産のプロたちの目を曇らせた。地面師事件における法律のプロたちの暗躍を象徴するケースといえる。

吉祥寺に住む台湾華僑

地道たちが手掛けた代々木公園そばの富ヶ谷の土地所有者は、武蔵野市吉祥寺に住む呉如増《ごによぞう》といった。呉は終戦後に台湾から日本に渡ってきた華僑として、都内でひと財産を築いた実業家である。不動産取引のプロである地道たちは土地の登記簿などから、土地の所有者である呉の存在を確認して取引に臨んだ。物件情報をもたらした神津に、ことの起こりを尋ねた。

「もともとの話は、吉永（精志）元弁護士からの電話でした。吉永については、前に不動産取引で弁護士として仕事を頼んだことがあったので、知ってはいました。それで何年かぶりに連絡をとったとき、『いい物件があるんだけどどうですか』と薦められたのです。すでに吉永は弁護士資格を剝奪されていたけど、今でも多くの不動産業者が彼のところに飛び込みでやって来る、という触れ込みでした」

それが一五年夏のことだ。吉永が弁護士資格を失った経緯について、二人とも詳細は知らないというが、資格を剝奪されたのは間違いないようだ。神津は後輩である地道にこの富ヶ谷の土地取引の話をし、八月に入って地道を連れて吉永と会った。吉永から打ち合わせ場所として指定された場所が、神田にある諸永《もろなが》総合法律事務所だった。弁護士資格を失った吉永が、事務員として働いていたところである。事務所長の弁護士である諸永芳春《よしはる》がのちに事件に関連して作成した陳述書に、吉永についてこう記されている。

〈私の最初の居候弁護士であった吉永精志（以下「吉永」と言います）は、平成7年頃事件を起こし弁護士登録を抹消されていましたが、その後、経営コンサルタント会社を経営し、ゴルフ場の経営や上場会社のエクイティファイナンス等を手掛けていました〉

イソ弁とも略される居候弁護士とはその名称どおり、司法試験合格後、修習期間を経て法律業務を始めたばかりの若い弁護士などが、既存の法律事務所に勤めることを指す。諸永と吉永は長い付き合いのようだ。イソ弁だった吉永に対し、諸永のような雇い主のことを親弁護士、親弁ともいう。弁護士資格を剝奪されたあと、吉永はコンサルタントビジネスをするかたわら、諸永総合法律事務所で働いてきた。もっとも親弁とイソ弁という過去の主従関係は、このときすでに崩れていた。地道が弁護士事務所の内実に触れながら、こう口惜しがる。

「吉永は肩書こそ事務員だが、諸永総合法律事務所のオーナーとして事務所を取り仕切っていると話していました。事務所の代表の諸永弁護士は第二東京弁護士会の副会長まで務めた大物弁護士だとのこと。その弁護士事務所を取り仕切っているというのですから、大したものだと思い込んでしまいました。それもあり疑いもなく取引に応じました」

ちなみに諸永は吉永が結婚したときの媒酌人でもあった。が、地道たちが話を持ち込まれた当時、元イソ弁の吉永は、かつての立場が逆転しているかのように振る舞っていた。奇妙な弁護士事務所だとも感じたというが、何より地道たちにとっては、取引現場が弁護士の運営する法律事務所だという安心感があった。

あとから思えば、それこそが犯行グループの狙いだったに違いない。マンション用地として垂涎の的だったはずの土地取引に対して地道たちにもある種の違和感があったという。それを胸の中に封じ込めながら、計画に乗せられていった。

吉永の説明によれば、くだんの土地取引は、所有者である呉の代理人から持ち込まれたものだという。そこにももう一つカラクリがある。今となっては地道も首を傾げっぱなしだ。

「吉永によれば、その代理人と称する男が山口芳仁《よしひと》という呉さんの運転手兼ボディガードで、身のまわりの世話をしているとの話でした。山口は呉さんの資産管理を任されていて、今回の件を持ってきたのだという」

富ヶ谷の土地取引は、呉の代理人と称する山口を窓口にして進んだ。表向き山口は「ジョン・ドゥ」というコンサルタント会社社長の肩書を持っている。が、正体はまさに不明だった。地道たちにしてみたら、山口はあくまで代理人だから、地主である呉と直接交渉すればいい。そう安易に考えてしまったという。

「ところが、肝心の呉さんが腰を痛めて銀座の病院に入院しているといわれ、なかなか会わせてもらえない。仕方なく山口に会おうとしても、それすらズルズル引き延ばされてしまう始末でした」

引き延ばされた本人確認

すでにこの段階でかなり怪しげではある。半面、取引では〝大物弁護士〟の諸永自身が正式な立会人になっていた。それも地道たちが取引を続けた一因になっている。地道が苦々しく補足説明する。

「といっても取引の窓口に立つのは諸永ではなく、吉永でした。そこで、まずわれわれは当の呉さんと会いたいと吉永に伝えたのですが、もったいをつける。吉永は『呉さんとは何度もここ（諸永事務所）で会っているので、一二〇％本人に間違いない。

だから信用してくれ』とまで言うのです。その上で吉永は、『呉さんの土地を買いたいという希望者は他にもいる。売買の決済はいつまでにできるのか』と急かすのです。土地の売買契約については、呉さんが高齢なため売買契約の手続きを諸永事務所でおこなうという。それで、そのまま取引を続けたのです」

地道は不安を抱えながらも、あきらめず交渉を続けたという。

「今から振り返ればバカみたいに思われるかもしれません。吉永から山口を紹介されたのが、売買契約当日の九月三日でした。場所は諸永事務所です。このとき初めて山口と会った。山口本人は日体大の空手部出身で俳優業をやっていたとか。セーラームーンのドラマなんかに出ていたと自慢したのを覚えています」

地道がこう悔しがる。なんでも台湾華僑の呉には息子がおり、その借金返済のために土地を売りたいという話だったそうだ。

「山口の話では、日本で財を成した呉さんの息子が、人形町あたりで貿易会社やパチンコ屋を経営していたらしい。あとから警察に聞くとそれも嘘でしたけど、その息子が覚醒剤の密輸をして警察にパクられ、呉さんにずいぶん迷惑をかけたという。さらに呉さんには台湾で医者をやっている娘さんがいて、奥さんと一緒に暮らしているとも言っていました。それもどこまで本当だったか。山口は、きょうだいの相続争いになるのが嫌なので、自分が財産処理を任されたと話していましたが……」

台湾華僑の呉に息子はいるが、そのほかはでっち上げばかりだった。だが、買い手である地道たちにとっては、呉の身辺情報に多少の間違いがあっても構わない。不動産業界ではその手のあやふやな情報が流れるのは日常茶飯事だからだそうだ。それよりむしろ土地の所有者本人と会い、確認できればいい。かなりの胡散臭さを感じてはいても、そう考えたのだという。

ただしその地道たちでもさすがに一度も地主と会わないまま、土地取引をすることはできない。そこで執拗に面談を求めた。それがかなったのは、土地の代金支払い日である代金決済日のわずか三日前の九月七日だ。

戦後の日本で財を成し、富ヶ谷の地主となった台湾華僑の呉が、地道たちの前に初めて現れる。少なくとも地道たちがそう思い込んで臨んだ会談の場所は、例によって諸永総合法律事務所だった。地道と神津、吉永や山口のほか、不動産登記の手続きをおこなう地道側の司法書士とともに呉と対面したという。

「われわれが事務所に到着すると、呉さんは食事に出かけているといわれ、吉永や山口としばらく待っていました。その間、吉永が『呉さんは腰の調子はだいぶよくなったけど、高齢で耳が遠いので、本人確認はできるだけ手短に願いたい』と言っていたのを明確に覚えています。その言葉に加え、山口が『呉さんは公証役場の手続きで時間がかかったので、機嫌が悪い。なので、そこもよろしく』などと調子よく話していました」

会談は昼食後にセッティングされた。地道が当日の記憶の断片をつなぎあわせた。

「たしか食事から戻ってきたと言って事務所に入ってきた呉さんは、いきなりバッグのなかからパスポートを取り出しました。挨拶もそこそこに、同行したわれわれの司法書士の先生に『これだけど』と差し出した。いかにも唐突でした」

そのパスポートをはじめ、用意してきた印鑑証明などはすべて偽造されたものだった。すでにお分かりだろう。ことの次第は、山口が呉の代理人と称し、地道たちから土地代金をかすめ取ろうと企み、ニセの呉如増を仕立て上げた——。つまり山口とニセの呉が地面師の一味である。

ただし、地道たちにとって、それらはあとから判明した事実だった。この面談の際、呉のなりすまし役は、明らかなボロを出していたのだが、それも見過ごしてしまったのである。

公正証書の嘘

山口たちは面談のあったこの日、呉を連れて銀座の公証役場に出向き、公証人に呉本人であることを証明する公正証書まで作成させ、この場に臨んでいた。手元に公証人が発行したその〈平成27年9月7日〉付公正証書の写しがある。

〈嘱託人呉如増は、本公証人の面前で、本証書に署名捺印した。本職は、パスポート、印鑑及びこれに係る印鑑証明の提出により上記嘱託人の人違いでないことを証明させた。よってこれを認証する〉

公証人は検察幹部などが退官後、法務大臣によって任命される。事実の存在や契約など法律行為の適法性について認証し、公正証書を作成する。公権力が本人と認めたことになるのだから、地道たちが騙されるのは無理もなかった。

こうして地道たちは呉を本人だと信じ込んだ。こう言った。

「土地の売買は、呉さんの息子の借金返済という名目だったので、やや複雑な形をとることになりました。売買代金の決済をする九月十日当日、呉さんの所有名義をいったんオンライフというダミーのペーパー会社に移し、同じ日付で私が代金を支払って購入する。いわゆる同日登記というやり方です」

結果、地道は六億五〇〇〇万円もの土地代金を支払ったという。売買代金は契約手続きを取り仕切ってきた諸永総合法律事務所の銀行口座に振り込まれた。本来なら、このなかから弁護士報酬や手数料などを差し引いた残りの六億数千万円が、地主である呉のもとへ渡るはずだ。と同時に土地の所有権が地道のところへ移る手はずだった。が、そうはならない。地道がこう臍《ほぞ》を嚙む。

「法務局で所有権の移転登記をしようとすると、できないというのです。そうして調べていくと、呉は偽者だったと……」

当事者にとっては文字どおりキツネに抓《つま》まれたような気分だったに違いない。地道たちは当然のごとく、諸永事務所や吉永に、説明を求めた。

事件はパスポートや印鑑証明を偽造し、本人だと認証する公正証書まで作成した巧妙な地面師詐欺に思える。だがその一方で、犯人グループは小さなミスを犯している。地道が冷静に振り返った。

「取引にあたり、われわれは印鑑登録証明書のコピーを事前にこちらへ送るよう指示していました。それを見ると、パスポートでは呉の生年が一九二四（大正十三）年となっていた。にもかかわらず、印鑑証明のそれは大正十五年になっていました。うちの司法書士はそれに気づいていた。しかし単なる錯誤だとしてやり過ごしてしまったのです」

その時点で印鑑証明やパスポートの偽造をもっと追及していれば、詐欺に遭うことはなかったかもしれない。が、すべてはあとの祭りだ。

地道は土地代金の決済取引日に指定された二〇一五年九月十日、諸永総合法律事務所事務員の吉永に指示されるがまま、手数料込みの土地購入代金六億五〇〇〇万円を銀行口座に振り込んだ。口座の名義は諸永総合法律事務所だ。だが、いざ法務局に所有権移転の登記申請をすると、受け付けてくれない。そこで初めて、印鑑証明の偽造が発覚したのである。

法務局からとって返した地道は、むろん取引窓口である諸永総合法律事務所の吉永を、どうなっているのかと問い詰めた。が、一向に要領を得ない。吉永らの口を借りれば、すべては山口をはじめとする取引当事者たちからの指示であり、弁護士事務所は単なる窓口に過ぎない、という。それが、彼らの言い分である。

もとよりそれもあり得ない。が、ともあれ地道たちは山口や呉を探した。すると、呉になりすました老人は言うまでもなく、呉の運転手兼代理人と称していた山口とも連絡が取れなくなる。こう怒りを隠さない。

「その時点でも、諸永事務所の吉永は『印鑑登録が変更されている可能性がある』なんて言い訳をしていたけど、信用できない。吉永は『呉さんは築地の聖路加（病院の）レジデンスにいる。あそこは入居するのに何億円も保証金が必要だから、本人に間違いない』と言い張っていました。しかし病院に問い合わせてみると、案の定。呉なんて人間は入居していませんでした」

ここまで来ると時間稼ぎと見るほかない。言い訳をしているあいだになりすましのニセ老人さえいなくなれば、あとは自分たちも騙されたと言って逃げ切れる。そのための取り繕いではないだろうか。地道はそう考え直して彼らに突っ込んだ。

「だから吉永には、すぐに呉さんに連絡を取るよう強硬に迫りました。『諸永事務所は呉さんの代理人なのに、なぜ連絡一つ取れないのか』と詰め寄ると、彼は『いつも山口を通じて連絡しているからつながらない』なんて調子なのです」

それが一五年秋から冬にかけてのことだ。地道たちは必死だ。山口の消息を意外なところでつかんだ。折しも山口が暴行事件で築地警察署に逮捕されていたのである。だが、そこでも地道は地団太を踏まされた。

「警察署なら逃げられない、と築地署に面会に行きました。しかし、当人が会わないと拒否する。それで会えずじまいでした。そのあと、山口はいつのまにか釈放されていた。以来、山口とは今も連絡が取れていないのです」

当然のごとく地道たちは、別の警察署に駆け込んだ。最初は本物の呉の住所のあった吉祥寺を管轄する武蔵野警察署に相談したが、あまり捜査に乗り気でないと感じ、伝手をたどって十二月に入り、神田の万世橋警察署に被害を届け出た。そうして山口やニセの呉、さらに諸永事務所の吉永らに対し、刑事告訴に踏み切ったのである。

元弁護士の言い訳

被害届を受理した警視庁の万世橋警察署の動きについて、地道が言う。

「警察が調べると、呉さんご自身は実在する華僑でした。現在は台湾に住んでいて吉祥寺にはいない。それをいいことに犯人たちは土地の所有者になりすましたのでしょう。聞くと、この手の事件は最近頻繁に起きているので、警察も大わらわのようです。あのアパホテルも引っかかっていると言っていました。私の事件の背後には、昨今世間を騒がせてきた大掛かりな地面師集団の影がちらついています」

一般に地面師たちの素顔はほとんど知られていない。内田マイクや北田文明のような大物でさえ、不動産業界でその姓名ぐらいは知っていても姿かたちは、よくわからない。取引に登場するときは偽名を使うので、不動産会社やマンションデベロッパーの業界の人間でも気づかないケースが意外に多い。それが実情といえる。

たとえば、もともと東京神田の諸永総合法律事務所に話を持ち込んだ山口芳仁はどんな人物か、と業界に問うても、ほとんど答えが返ってこない。山口が経営する「ジョン・ドゥ」なるコンサルタント会社にしても、実態のないペーパー会社のようなものだから、誰も知らない。

「実は当初、われわれは諸永事務所の吉永から、富ヶ谷のほかにも物件を薦められていました。こちらが検討しているあいだに別の買い手がついた、と吉永が言うので、手を出さずに済んだ経緯があります。それで、こういう事態になったので、それら他の案件も調べ直してみたのです。すると、いろいろ出てきました」

富ヶ谷事件の被害者である地道はそう話し、次のような別のケースを教えてくれた。

「たとえば渋谷区南平台町の土地も、うちのケースとよく似ていました。そこは昭和三十二（一九五七）年から小林商事という会社が所有してきたのですが、ちょうど私たちに話が持ち込まれた時期と同じ一五年八月三日、ジョン・ドゥに所有権が移転している……」

繰り返すまでもなくジョン・ドゥは、富ヶ谷の地主、台湾華僑の呉如増の代理人と称して今度の事件に登場した山口の会社だ。つまり富ヶ谷のときと同じ顔ぶれが、南平台の土地取引に登場しているのである。地道のところに持ち込まれたという南平台の土地面積は八〇坪ほどで、坪あたり七〇〇万〜八〇〇万円の相場として、およそ六億円の価値の高級住宅用地だという。

「諸永事務所の吉永がわれわれにこの話を持ち込んできたとき、小林商事社長の免許証のコピーをもらいました。そこで、あとになってそれを持って小林商事を訪ねてみました。受付で『おたくの社長さんはこの人ですか』と免許証の写真を見せると、『えーっ、ぜんぜん違いますよ』とびっくり仰天していました」

どんな手を使ったのかはいま一つ不明だが、持ち主の小林商事の知らぬ間に、土地の所有権が小林商事からジョン・ドゥに移転されていたのである。その後、小林商事は運よく、それに気付いたのだろう。八月二十七日、東京地裁に所有権移転禁止の仮処分申請をし、ことなきをえている。

だが、ことは何もなかったからそれで済むという話ではない。仮にジョン・ドゥが小林商事の気づく前に善意の第三者である別のX社に転売していたとする。そこでジョン・ドゥの山口には六億円相当の転売益が転がり込んでくる。むろん持ち主の小林商事はジョン・ドゥに所有権を元に戻せと訴えることができる。だがX社に対しては手の打ちようがない。手遅れになると、土地を取り戻せなかった危険もある。その間、ジョン・ドゥが破産でもしていたら、賠償金もとれなくなる。これは個人の地主にもあてはまる。ゾッとする話というほかない。

地面師とタッグを組む元弁護士

話を富ヶ谷のケースに戻そう。詐欺に気づいた地道は精力的に動いた。まずは年明けの一六年一月、法律事務所の責任者である弁護士の諸永に対し、六億四八〇〇万円の損害賠償請求訴訟を起こした。と同時に、第二東京弁護士会に、弁護士として懲戒処分の申し立てをおこなった。当人がこう言う。

「万世橋警察はけっこうやる気を出して捜査をしてくれました。ひょっとしたら本物の呉さんは殺されているのではないかと疑い、本籍のある台湾にまで出向き、向こうで本人に会って呉さんの生死を確かめた。吉祥寺の家には住んでなく、今は台湾暮らしなのがわかったのも警察の捜査によるものです。犯人たちにとって、日本に土地を持っている外国人が祖国に戻れば、なりすましのネタになる」

改めて確認すると、本物の呉如増は、偽パスポートの写真とは似ても似つかない老人だった。ここから警察も地面師詐欺として捜査を本格化させた。警視庁捜査二課に協力を要請し、万世橋署で捜査を続けてきた。

さて、詐欺の舞台となった諸永総合法律事務所の責任者である諸永芳春や事務員の吉永は、いかように弁明するのか。

「言いたいことはたくさんあるんですよ。でも、この件は民事裁判にもなっているし、弁護士事務所への懲戒請求も受けている。取材を受けどうコメントを使われるかわからないので、答えられませんな。損害賠償とか、弁護士会の懲戒問題は、そこに何らかの過失があったかどうか、そこが争点になるから」

吉永は逃げを打ちながら、こう返答した。

「刑事告訴したといっても、それで警察が動くかどうかは別問題なんでね。万世橋署は一年経つのにまだわれわれを呼び出しもしていない。私たちは今回、詐欺に加担したとか、そういうことはない。法律的にいう意思や故意はまったくないわけですよ」

詐欺という事実があっても、そこに加担してはいない。つまるところ、そう言いたいに違いない。

「そこは絶対ないんでね。ただ、そのあとの損害賠償とか、いわゆる懲戒問題ということになると、こちらに過失があったかどうかで結論が決まってきちゃう。そこが非常に微妙なところなんです。で、取材を受けて記事を出されると、そういう過失の認定を含めて影響する可能性がある。だから、いま話をするのは勘弁してください」

そもそも吉永は山口とどう知り合ったのか。

「彼とは富ヶ谷とは別の物件の取引で知り合ったんです。そのときの売買は、事前にダメになった。弁護士事務所として山口に対する守秘義務や信義があるし、いろんな話がつながっていっちゃう可能性もあるので、詳しくは言えませんが、要は買い手側にファイナンス（資金繰りの目途）がつかず、お金ができなかったのです」

話を総合すると、吉永と山口は一度試みた不動産取引に失敗し、そのあと今度の南平台や富ヶ谷の取引でいっしょに動くようになったことになる。やはりかなり怪しい関係と言わざるをえない。最初の段階で、山口の話に怪しさは感じなかったのか。

「だから、そういう話をしていくと、今度は、山口が悪いとか、いろんな話になりかねない。そこは当然評価を伴うしね。地道に訴えられている裁判でも、山口には証人になってもらわなければならないし、陳述書も提出してもらわなければならないから、今の段階で申し上げられるようなことはない」

諸永事務所への損害賠償請求訴訟では、吉永が山口に被告側の証人として出廷してもらわなければならない立場だ。つまり詐欺の被害者である地道に対し、吉永と山口がタッグを組んでいるという話である。となると、地道が行方不明だと言う山口自身とは連絡が取れているのだろう。そこを聞いてみた。

「連絡は直接ではなく、ある弁護士を通して取れます。必要があれば裁判に出廷してもらうという形をとっています。この件は私だって事実関係を知らないので、山口から聞かなければなりませんからね」

内田マイクとの接点

手元にある諸永総合法律事務所の口座の残高・出入金明細によれば、一五年九月十日、地道から振り込まれた土地代金六億五〇〇〇万円は、その日のうちに、方々に振り分けられている。大所でいえば、オンライフへ三億九五〇〇万円、山口へ七〇〇〇万円といった具合だ。山口の取り分は意外に少ない気もするが、諸永事務所の口座にも三六〇〇万円余りが振り込まれ、それが残ったままとなっていた。

この諸永事務所からの振り込み先の中で特筆すべき相手がいる。それが「フクダヒサト」への一億円だ。事件以来、地面師のことについて調べ上げてきた地道が、こう説明してくれた。

「これが一五年暮れ、都内の駐車場の売買を装った二億五〇〇〇万円の地面師詐欺で警視庁に逮捕された福田尚人と同姓同名なのです。逮捕された地面師は一〇人で、福田はそのうちの一人でした。要するに私の金が別の大掛かりな地面師組織へ流れていたことになる」

この駐車場をめぐる地面師詐欺が、第二章で書いた浜田山の事件だ。地面師界のスター、内田マイクが自ら乗り出し、あげくに逮捕された事件でもある。暴力団組織にたとえるなら、福田はその内田一派の若頭のような存在とされる。地面師グループの福田について、知らなかったのか、吉永に尋ねた。

「あれは売り主であるオンライフの指示で振り込んだだけですから、福田なんてまったく知りません。われわれは売り主の指示に従わなきゃいけないじゃないですか。それだけのことです。たしかに非常に奇怪な話です。でも、ほかにもなりすまし事件はいっぱい起きています。だからどこからどこまで犯人グループが一体なのか、その先はわからない」

富ヶ谷の土地の所有名義は、呉からオンライフを経由して地道へ移る手はずになっていた。オンライフを紹介したのも山口であり、両者はほぼ一体とみて間違いないだろう。

そうして取材を続けていると、ひょんなところから、山口本人に連絡することができた。銀座の喫茶店で会った山口はこう答えた。

「呉さんは俺も紹介されて、会ったんだ。そうそう、呉さんの息子にも会った。本人確認のときには司法書士も同席していたしね。取引の前に、やめるならやめる、とはつきりしようとなったけど、みんなお金が欲しいから、『これで行っちゃいましょう』となっちゃったわけだよ。話が曲がって伝わってもよくないから、もうちょっと話が進んだらまた連絡くださいよ」

東京を跳梁跋扈《ちょうりょうばっこ》する地面師集団は、さすがにつかみどころがない。

「この件は、福田が弁護士事務所にやってきて振り込みを指示したのです。福田が仕掛けを作った。首謀者でしょう」

当の山口は、私の取材にこう嘯いた。その山口は内田マイクのこともよく知っているという。

「俺は内田さんに二年半前に目黒の土地を紹介してもらって、それを埼玉の不動産屋の社長に買ってもらった。それがきっかけかな。二〇〇〇万円だったか、いやもっとあったか、(買い手の) 紹介料をもらった。けど、それから半年ぐらいしたら、その地主が偽者だったとわかったんだ。俺にしたら、『え〜』っていう感じですよ。そのときに地面師という組織があると知ったんです」

もとより、山口の弁明を額面通りには受け取れない。まるで他人事のように言い訳している。しかし、台湾華僑を名乗るニセ地主を地道のところに連れてきたのが山口なのは動かしがたい。つまるところ、内田や福田、山口は、地面師仲間と言うほかない。富ヶ谷の事件でも、一脈通じてきたいわば同臭といえ、罪の擦り付け合いを始めているとしか思えなかった。さらに言えば、取引窓口となった諸永事務所にも同じ臭いがする。だが彼らも一枚岩ではない。

事件発覚後、被害者の地道たちは警視庁に刑事告訴するかたわら、民事でも弁護士の諸永を訴えた。すると、諸永総合法律事務所で暗躍してきたかつての親弁とイソ弁が仲たがいを始めたのである。

弁護士の過失

「事件では諸永はほとんど顔を出さず、事務員の吉永が窓口としていろいろ画策してきました。だから吉永は刑事事件で訴えていますが、民事では提訴していません。逆に民事では弁護士の諸永に損害賠償を請求しています。したがって民事訴訟の対象は、あくまで法律事務所の所長である諸永弁護士ということになるのです」

被害者の不動産業者、地道建造はそう訴えた。刑事告訴は、地面師たちを許せないので罰してほしいという感情的な側面もある。一方、民事裁判はあくまでビジネス上の損害を取り戻す目的だ。

地道は二〇一六年一月十二日付で第二東京弁護士会所属の弁護士、諸永芳春と取引にかかわった司法書士の二人を相手取り、東京地方裁判所に民事提訴した。請求額「六億四八〇〇万円」、その訴状には、「原告の損害」として次のように記されている。

〈本件土地の所有名義人は呉知増であるところ、被告諸永弁護士は、平成27（一五）年9月7日、この売買契約の締結にあたり、被告は、登記名義人である呉知増とは面識がなく、（合）オンライフと登記名義人との契約関係の詳細を知る立場にはなかったにもかかわらず、その登記名義人である呉知増と面識があり自らのみならず自らの法律事務所の事務職員も面識の《ママ》あるとの虚偽の事実を明記した東京法務局渋谷出張所宛の本人確認情報の書面（甲7）を作成し、その書面に登記名義人名義の偽造旅券及び公証人の認証を受けさせた偽造の被告諸永弁護士宛委任状及び呉知増なる者のスナップ写真を添付して、被告諸永弁護士の事務職員を介して、原告の本件土地の転売先（中略）が委任した被告横田（文吉）司法書士に交付した〉

　繰り返すまでもなく、オンライフは呉の代理人を自称する山口と一体化したペーパーカンパニーであり、いったん土地の所有権を移して地道らに転売する役割を担った。事件発覚後、そのオンライフの社長が行方不明になり、地道たちは連絡を取れなくなっている。

　訴状の表現を要約すれば、弁護士の諸永や元弁護士の事務員吉永は、地主の呉と一面識もなかった。にもかかわらず、何度も会ってきたかのような嘘をつき、本人確認の書類を作成した。また事務員の吉永を介し、ニセの呉が作成した偽造パスポートや公証役場で交付された公正証書、スナップ写真を使って司法書士に持ち込み、取引を進めた。それらの行為はこれまで見てきたとおりである。

　訴状にある（甲）や（乙）という記述は、証拠書類の区分けだ。地道側の作成した訴状では、台湾華僑である呉のパスポートの偽造について、弁護士として気づかなかったはずがない、と以下のような指摘もある。

〈中国政府《ママ》発行の旅券記載の氏名表記のうち「如増」が中国語の発音では在り得ない「nyozo」となっていて、それが偽造の旅券であること（中国語の発音は、如＝ru《ルー》、増＝zeng《ゾン》)、ならびに、登記名義人の印鑑証明書（甲11）の住所記載が不完全である(住所の記載の末尾に「号」の文字が付記されていない。）うえ、日本では外国籍の者の生年月日が西暦で表示されることになっていることからすると、それが偽造文書であることが一見して明白であることを知り、又は、職務上必要な知識経験をもってすれば容易に知り得べきであったのに、これに気付かないかのように装って、上記委任状について公証人の認証を求め、登記名義人から（合）オンライフに対する所有権移転について公証人の認証を求め、登記名義人から（合）オンライフに対する所有権移

転の登記申請（甲11）につき、登記権利者登記義務者双方の代理人として以上の偽造書面を行使した〉

今回の取引に使われた偽造パスポートで、呉の生年が一九二四（大正十三）年となっていたにもかかわらず、印鑑証明では大正十五年生まれになっていた一件は、前にも触れた。印鑑証明については取引当日の二〇一五年九月十日より前に写しを送付させ、そのうえでニセの呉が登場した。なりすまし役のその老人は、地道たちの前で意気揚々とそれらの偽造書類を披露したわけだ。

弁護士でありながら、そんなことにも気づかず、さらに公証役場で本人確認させたのは、いわば確信犯ではないのか。土地の取引窓口である諸永総合法律事務所の所長である諸永や事務員の吉永は、とうぜん書類を事前に確認しているはずである。明白な間違いに気付いていてなお、取引を進めたのは、弁護士として明らかな過失がある。それが、諸永に損害賠償を求める地道たちの当然の主張だ。

騙されて振り込んでしまった六億五〇〇〇万円の現金を取り戻したい被害者にとっては、行方をくらませた山口やオンライフの社長を探すより、取引にかかわった目の前の弁護士に弁償させることが、近道となる。それもあり、地道たちは民事訴訟に踏み切った。

むろん、彼らも地面師たちとグルだったのではないか、という疑いは濃いが、少なくとも弁護士としての過失は明らかだろう。ビジネスとして損害を受けている以上、まずそこを突くのは当たり前かもしれない。

しかし諸永や吉永たちは、実行犯である地面師たちのつくった偽造書類のお粗末さにうっかり気付かなかった。その可能性も捨てきれない。地面師たちは極めて自然体で嘘をつく。半面、杜撰なところもあり、実はうっかりミスもめずらしくないのである。ニセの呉が間違った書類を出したとき、真っ青になったのは誰だったか。

ちなみに、地道サイドの司法書士もまた、「なぜ台湾人なのに生年月日を西暦でなく、大正と表記しているのか」とそこに気づいた。だが、結局、パスポートとの生年月日の違いを含め、印鑑証明の入力ミスによる単なる錯誤だという説明を受け、やり過ごしてしまった。信じられない事態かもしれないが、現実にそれが起きているのである。

裁判所が認定した前代未聞の賠償

地道が諸永を訴えた裁判では、被告の諸永自身の陳述書が東京地裁に提出されている。

〈訴訟事件に関する書類は私自身が作成する。已むおえ《ママ》ない事情が発生して私が作成できない場合、（イソ弁の）池下（浩司）氏及び吉永氏は元弁護士であるので両者が起案して私が目を通し、修正があれば修正し、そのままで良ければ了承する。（中略）以上の基本体制で（弁護士事務所として）出発しましたが、出発して半年もしないくらいから、私の記憶力が徐々に衰え始めてしまいました。具体的に申しますと、以前の記憶はすぐに思い出すものの、近々に起こったことに関してすぐに忘れるということでした〉

諸永は七〇代後半という年齢のせいで記憶力が薄れ、認知症の検査を受けたことまで陳述書に記している。署名している文字もたどたどしく、本文もやや日本語の表現におかしな箇所が散見される。

〈本件につきましては何も（書類や証拠を）見ないで覚えているということはほとんどありません。（中略）

本件にかかわる呉氏と称する人間の写真を見ますと見覚えがありますので、会ったことは間違いありません。ただ、時期、何回会ったか、どのような場面で会ったのか全く覚えていません。従って、誰と一緒に会ったのかも覚えていません〉

かなり頼りない。が、弁護士事務所の責任者としての自負はあるようだ。こう続く。

〈然し、言えることは例え訴訟事件でなくとも受任する際は私の了解はとっていること、出来上がった書類に捺印する場合（吉永が）必ず私に見せ、私が了解したので捺印していることは明言できると思います。

また、本件に関する代理受領の件も了解しており、依頼者の指示による送金も私が指示したはずですが、事務所の報酬等もいくらだったのか忘れています〉

つまるところ責任はあるが、取引窓口としての実務は事務員の吉永がおこなっていたと言いたいらしい。もっとも今になってそんなことを言い出された被害者の地道らにとっては、たまったものではない。裁判官も呆れ果ててしまった。

「被告諸永芳春こと齊藤芳春は、原告に対し、六億四八〇〇万円及びこれに対する平成二十七年九月十一日から支払い済みまで年五％の割合による金員《ママ》を支払え」

一六年十一月十四日、東京地裁において、裁判長の日浅さやかは、主文でこう判決を下した。裁判所が地道たち原告側の請求を満額認める損害賠償命令を下したのである。まさに前代未聞の厳しい判決だ。諸永の本名は夫人の姓である齊藤だが、ビジネス上旧姓の諸永を名乗ってきた。裁判長はその被告諸永側による言い訳を次のように一蹴している。

〈被告諸永は、平成23年から現在に至るまで、物忘れ外来の診療に通っており、初診当初から認知症の症状が認められ、その症状は緩徐に進行している。

そして弁護士資格のない吉永は、実質上、自分が弁護士としての業務を行うため、被告諸永の弁護士資格や弁護士事務所の社会的信用力をいわば道具として利用していた〉

いざ民事裁判になると、法律事務所の責任者である諸永と取引の実務を担ってきた吉永の蜜月関係が崩れた。仲間割れを始め、諸永は弁護士としての自らの当事者能力を否定し、すべてを吉永の責任だとしている。もっともそれは、あながち間違っているともいえない。地面師事件の舞台となった弁護士事務所のあり様でもある。

かつて第二東京弁護士会の副会長まで務めた諸永にはそれなりのネームバリューがあり、その元イソ弁だった吉永にとっては、取引相手を信用させることができる。弁護士資格を剝奪された吉永は、土地取引の代理人などをすれば非弁行為となり、弁護士法に抵触するが、事務員という肩書があれば、事実上、弁護士業務を代行できる。というより、事務所を運営しているオーナー的な存在として、吉永は諸永の肩書を利用できるのである。裁判では、臆面もなく諸永がこうも主張した。

〈吉永は、事務所の運営を全て取り仕切り、弁護士資格のある被告諸永を雇い、訴訟事件（平成29年3月当時で31件）については被告諸永を裁判所に行かせ、訴訟事件以外については、自分が直接対応して処理するなどの方法で利益を得て、諸永に給与を支払っていたのである〉

地面師集団は詐欺を組み立てる親玉を頂点に、詐取した金の受け皿としての会社や口座を用意する人物、なりすまし役やその「手配師」、証拠書類の偽造を請け負う「道具屋」などが存在するが、それとは別に弁護士や司法書士といった「法律屋」も登場する。

事件へのかかわりについては濃淡あるが、少なくとも被害者にとっては、弁護士事務所も詐欺事件に組み込まれているとしか思えない。また、その弁護士事務所のなかに、現役の弁護士もいれば弁護士崩れの事務員もいて、そこでも役割分担がなされてきた。

そして被害者である地道たちは、弁護士事務所という社会的信用にまんまと乗せられたわけだ。判決にある〈争点①（被告諸永の責任）について〉は以下のように記す。

〈認定事実及び弁論の全趣旨によると、本件売買において自称呉と名乗っていた人物は、本件不動産の登記名義である呉如増のなりすましであったこと、本件登記は、本件前件申請の添付書類とされていた本件印鑑証明書が偽造であったことにより却下され、(中略)本件不動産の所有権仮登記をすることができなかったことが認められる〉

まさしく地面師事件である。裁判長の日浅は諸永の言い逃れを認めず、弁護士としての過失を厳しく指摘した。それが六億四八〇〇万円の損害賠償責任だ。

と同時に、第二東京弁護士会は一七年一月三十日付で、諸永に対し「業務停止六ヵ月」の懲戒処分を決定した。富ヶ谷事件はそれから三年後の二〇二一年十二月、警視庁が山口と福田を逮捕し、幕を閉じた。

第五章
アパホテル「溜池駐車場」事件の怪

舞台となった駐車場は赤坂見附から六本木通りに抜ける裏道にある。ホテル用地には最適で、アパグループが手を出したのもわかる

架空の生前贈与

「先生、何でしたらここを使ってもらってもいいんですけど」

発端は、吉村清子がクリニックの医師に話したそのひと言だった。二〇一〇年に父誠次から財産を相続して所有してきた清子は、すでに傘寿を過ぎていた。財産の大半は、墨田区東向島の三階建てのビルだ。身寄りがなく、ひとり暮らしを余儀なくされていた清子は、話し相手にも事欠く高齢者だった。唯一の話し相手がかかりつけのクリニック医師である。その主治医を頼り、さまざまな相談事を持ち込んだ。一方、医師も親身になって彼女の相談に応えてきた。

親から相続したくだんのビルは、東武スカイツリーライン曳舟駅から一〇〇メートルと近く、京成押上線の曳舟駅から歩いて五分しかかからない。下町とはいえ、昨今のスカイツリーブームも手伝い、利便性の高いこのあたりの地価は高騰し続けてきた。清子が父親から受け継いだ財産は、土地建物だけでも一億円近くにのぼる。

父親の財産をこの先どうすべきか、それが彼女にとって最大の悩みだった。

信頼できる先生に私の持っているビルを病院として使ってもらえたら嬉しい――。

そんな素朴な発想だったのだろう。クリニックの医師に財産の贈与まで持ちかけたのは。

身寄りのない独居老人の持つこうした優良物件は、かねてより不動産ブローカーのあいだで注目されてきた。やがて、清子が主治医に不動産の処理を託しているというその話が、広まっていった。

中央区湊で広告・イベント会社「名電」を経営する宮田康徳が二〇一二年九月、たまたま大物地面師からそれを伝え聞いた。それが事件の引き金となる。宮田は広告業のかたわら、不動産コンサルタントを自称してきた。このとき五〇を過ぎたばかりだ。売り出し中の不動産ブローカーでもあった。

そして秋から冬にかけ、犯行グループが動き始めた。宮田のパートナーであり、事件の仕掛け人が司法書士の亀野裕之である。東京・目黒区に住んでいる亀野は、オフィスを千葉県の船橋市に置いて活動してきた。この世界においてはむしろ宮田より有名人だといえる。

渋谷区富ヶ谷の地面師詐欺では、弁護士の諸永や法律事務所勤務の吉永が取引の交渉窓口として登場した。いわば亀野も彼らと同じ役回りだ。東向島の事件では、司法書士として、法律の窓口役を果たすことになる。

数多くの地面師事件に登場してきた札付きの司法書士でもある亀野は、このときすでに業務停止二ヵ月の懲戒処分を受けていた。〇九年七月七日付で公告された懲戒理由は「本人確認及び登記申請意思確認違反」だ。東向島の件は、亀野がかかわったことで警視庁捜査二課の目を引いた。ひょっとすると地面師詐欺ではないか、と。事実、その通りだった。

宮田らはまず、吉村清子の持つビルを担保に融資を受ける算段をした。

「今度、向島の物件を買うことになった。持ち主との実質的な売買契約は完了しているので、物件を担保に八〇〇〇万円ほど融通してくれないか」

そう持ちかけた相手が、板橋区のロウィーナゲイトという会社だ。千代田区隼町の不動産会社「クレオス」社長の白根学が、この会社を見つけてきた。白根もまたバブル期に数々の地上げをこなしてきた名うての不動産ブローカーである。このとき宮田グループのキーマンとして、計画に加わった。

ロウィーナゲイトにしてみたら、ビルの売買契約の合意さえあれば、悪い話ではない。八〇〇〇万円を融資すれば、たとえ返済がなくても抵当権を設定して事実上一億円相当の物件を手に入れられる。所有権を移せば、追加で新たな借り入れを起こすこともできる。そうして八〇〇〇万円の融資を実行した。

一方、宮田たちはビルの持ち主である吉村清子と売買の約束など交わしていない。

いわばこれそのものが詐欺行為だ。が、宮田たちの狙いはこれだけではなかった。

次に手掛けたのが、清子がかかりつけの医師にもちかけたビルの贈与話である。彼女にしてみたら本気でそう考えていたのかもしれないが、実際は話だけで贈与などしていない。地面師たちはそこに付け入る隙を見出した。

宮田グループは年が明けた一三年一月、クリニックの医師に関する書類を偽造し、「贈与」された旨の不動産登記を済ませた。そうしておいて、福岡市の不動産会社「未来」に売買話を持ち込んだ。

「贈与された医師とは売買の話がついているので、ビルの購入資金を融通してくれたら、すぐに物件をお渡しします」

要するに転売だ。整理すると、吉村清子からクリニックの医師へビルを贈与、さらに宮田の経営する「名電」が医師からそれを買い取り、最終的に「未来」に売却するという筋書きである。登記簿で確認すると、東向島のビルは一月二十二日付で医師に贈与され、その九日後の三十一日付で「名電」、さらに同日売買で福岡の「未来」へ転売されたことになっている。

このとき未来から名電に対し、七〇〇〇万円の売買代金が入金されていた。つまり持ち主の吉村清子や相談相手の医師の知らぬうちに、融資や売却が繰り返されてきたわけだ。典型的な地面師の取引である。

事件が世に明るみに出たのは、実際のやりとりから四年経った二〇一七年二月のことだった。

〈病院舞台に不動産所有権を不正移転か　警視庁、地面師6人を逮捕〉と題した産経新聞の二月七日付記事でそう報じられている。

〈女性が所有していた東京都内の土地や建物の名義を勝手に変えたなどとして、警視庁捜査2課が、電磁的公正証書原本不実記録・同供用などの容疑で、地面師グループのメンバー6人を逮捕していたことが6日、捜査関係者への取材で分かった。土地の移転先は女性と接点がある病院関係者であることから、捜査2課は病院を舞台にした地面師事件の疑いもあるとみて、慎重に調べを進めている。

地面師グループは、他人の不動産を無断で転売し、利益を得る詐欺集団。精巧な偽造公文書や私文書を駆使して所有者や仲介者に成り済ました上で、所有者が知らないうちに不動産の所有権を移転し、転売する〉

警視庁捜査二課と向島警察署は、主犯格の宮田、亀野ら六人の地面師グループを詐欺容疑などで次々と逮捕した。もっとも六人のうち起訴されたのは宮田たち二人だけで、他の白根たちは不起訴となって釈放された。

その宮田グループが手掛けてきた地面師詐欺は、東向島の一件だけではない。むしろ警視庁の狙いは別にあった。それがホテルチェーン「アパ」が騙された赤坂・溜池の駐車場用地の取引だった。一二億円を超える地面師事件だ。

取材を始めた二〇一六年十月当時、被害者であるアパグループは、頑なに取材を拒んでいた。広報担当者からの回答はこうだ。

「本件は三年以上前のことであり、（被害の）一部はすでに回収しており、また、損害の大半はすでに決算上償却済みです。当社の収支規模に照らしてみても、財務への影響は心配ありません。また、現在、警察による捜査の進展を待っている状況であり、大変申し訳ありませんが、現時点ではこれ以上のコメントは差し控えさせていただきたく存じます」

それからおよそ一年後の一七年十一月八日、警視庁は改めて宮田や亀野たち一〇人の地面師グループを逮捕した。

アパ事件は、名のある大手企業が騙されたという点で、積水ハウスの事件と似ていなくもない。実は、なりすまし役の手配師も同一人物であり、バックには大物地面師の影がちらつく。だが、積水ハウスとは異なる特徴もある。事件を振り返る。

大都会の異様な空間

その土地は、外堀通りの旧日商岩井ビルから六本木通りに抜ける道路沿いにある。オフィスビルや飲食店のテナントビルが犇めき合い、昼夜問わず人通りが絶えない。そんな都心の一等地に不似合いな駐車場だ。

道路に面した東側以外、三方をオフィスビルに囲まれている。登記簿を見ると、その四角い土地の面積は三七八平米、一一四坪ほどある。実際、現場に行ってみると、けっこう広い。

地面はアスファルトではなく、傷んだ古いコンクリート張りで、道路側の金網には月極めの駐車場である旨の表示とレンタカー会社が「カーシェア」の看板を掲げている。道路から向かって右手には鋼鉄製の屋根があり、どうやらそこが月極めの駐車スペースのようだ。左手の野ざらしになっているところにカーシェア用の青い小型車が停まっていた。

思い返せば、この駐車場の前は何度も車や徒歩で通った覚えがある。だが、こんなに広いスペースがあったとは気づかなかった。改めて見ると、大都会の狭間にぽっかりとあいた異様な空間に思えた。

「なぜ赤坂二丁目の一角のここだけ、ビルが建っていないのか、ビジネスホテルでも建てれば繁盛するだろうに」

そう感じたのは、むろん私だけではなかった。

外国人観光客によるインバウンドでにぎわってきた東京の都心は、ひと頃、極端なホテル不足に陥った。ビジネスホテルを中心に全国に四〇〇近い宿泊施設をチェーン展開してきたアパグループが、この土地に目を付けるのは、むしろ当然といえたかもしれない。知り合いの不動産業者に評価を求めると、百坪あまりの土地の価値だけで一〇億円をくだらない、と口をそろえた。それほどの好物件といえる。

不動産登記上の「所有権保存」者、つまりもとの〝駐車場〟の地主は、港区麻布竹谷町（現在の南麻布）に住んでいた鈴木善美となっている。一九六七年七月、そこから銀座の「鈴木保善株式会社」に売却されたことになっている。鈴木保善という社名は、おそらく社長の善美から付けたのだろう。地主である鈴木家の資産管理会社だ。

善美が亡くなったあとの一九六九年八月、鈴木保善は同族会社の「有限会社万安《まんやす》楼《ろう》」という会社に吸収合併され、登記上も六九年八月に有限会社万安楼に所有権が移っている。「万安楼」は鈴木家が経営してきた銀座の老舗料亭である。

かつて木挽町《こびきちょう》と呼ばれた現在の銀座一丁目あたりにあった万安楼は、鈴木家が明治一五年に創業した。高い黒塀で囲まれた高級日本料理店だ。広大な屋敷のなかでは夜な夜な日本を動かす政財界の宴席が開かれてきた。そこを三菱地所が買い取り、銀座初の二五階建て高さ九五メートルの高層マンション「銀座タワー」として開発した。敷地を売った鈴木家に残った資産は計り知れない。その鈴木家の資産管理会社として存続してきた万安楼が、赤坂の月極め駐車場を管理してきたのである。

ところが万安楼に土地の所有権が移ってから四四年も経た二〇一三年八月七日、とつぜん駐車場の売買登記がなされた。有り体にいえば、それが今度の事件のはじまりだ。

「事を知ったのは、まさに勝手に登記がなされていた頃、駐車場のお客さまからの一本の電話でした。お客様が、この土地を買ったという人から『この先、ここに車を停めてもらっては困るので、移動させてくれ』と突然言われたらしい。それで、『いったいどうなっているのですか』と電話がかかってきたのです。こちらにしても、何のことかわからない。それは驚きましたよ」

そう打ち明けてくれたのが、当の資産管理会社だ。電話で初めて事態を知ったという。

もとの所有者である鈴木善美には仙吉と武という二人の息子がいた。父親である善美の死後、息子たちへの相続がなされないままだった。四四年ものあいだ有限会社万安樓の所有になってきたからだ。

不動産ブローカーたちのあいだでは、仙吉と武の兄弟がくだんの土地を相続したものとされてきたが、万安樓そのものが鈴木家の資産管理会社なので、そこが所有し、管理すること自体は問題でもない。だが、その一方で、一等地を相続したと信じられてきた資産家兄弟は、長らく行方知れずのままだとも伝えられた。地面師にとっては、まさにそこが付け目だったに違いない。

計画を立案したのは、おそらく名うての司法書士、亀野だったのだろう。資産家兄弟の情報を聞き込んだ。鈴木善美の息子のうち、兄の仙吉は一九二六（大正十五）年生まれで二〇一八年当時で九二歳だった。また三歳違いの弟の武は、二九（昭和四）年生まれなので八九歳だ。鈴木兄弟は高齢のため認知症で施設に入所していた。地面師グループがそれを知っていたかどうか、そこは定かではなく、実は兄弟が行方不明になっているという見当違いから、犯行を思いついたのかもしれない。ただし、それは地面師グループにとってどちらでもいいことだ。真の持ち主と買い手の連絡が取りづらい状況にあることが好都合なのである。

そうして鈴木仙吉、武兄弟のなりすましを仕立てた。相続人と吹聴されてきた鈴木兄弟の〝不在〟を奇貨とし、くだんの土地を第三者に売り払ってひと儲けしようと企んだ。売り先に選ばれたのが、全国にホテルチェーンを展開して日の出の勢いだったアパグループだったのである。

二〇一三年六月、問題の土地取引が動き始めた。鈴木兄弟のなりすまし役を手配したのが、豊島区に住む秋葉紘子だった。積水ハウスの事件にも出てくる。通称「池袋の女芸能プロダクション社長」である。表向き秋葉は職業をビルの清掃員と称してきたが、むろん仮の姿に違いない。事件当時七〇歳を目前にしていた。

秋葉紘子は、あの内田マイクとも親しく、長らく二人は連携してきた。正体不明の高齢者の知り合いが多い。女性資産家が白骨死体で発見された新橋四丁目のなりすまし事件でも、みずからなりすまし役として登場したが、本業はプロダクションの女社長と異名をとるとおり、手配師である。

逮捕された中間業者

アパ事件において秋葉紘子は松本敬三と西川光雄という老人を鈴木兄弟のなりすまし役に仕立てた。松本は戦前の一九三一（昭和六）年二月十八日生まれで事件当時八二歳だった。一方の西川は仙吉と同じ二六年九月二十日生まれの八六歳だった。なぜか歳の若い松本が兄の仙吉役に選ばれ、高齢の西川が弟の武役を務めることになる。

鈴木家の資産を譲り受けた兄弟が、赤坂の一等地を売却する――。

宮田や亀野たちは、そんな話を仕立て、知り合いの不動産業者に声をかけた。五反田の海喜館ほどの広さはないが、坪当たりの価値はこちらのほうが高い。いくらマンションやホテルの建設ラッシュとはいえ、一〇億円はくだらない土地を購入して開発できる業者は、そうはいない。

その売却先探しのパートナーが、千代田区隼町の不動産会社「クレオス」だった。繰り返すまでもなく、クレオスの白根は宮田や亀野たちとともに東向島の事件で逮捕された不動産ブローカーである。が、起訴を免かれている。地面師事件では、計画を立案して行動に移す詐欺それ自体の実行犯たちに加え、第三者の不動産業者がしばしば登場する。その多くは中間省略という手続きで、登記簿上にも社名が残らない。その実、不動産業者として地上げに加わり、最終的に土地を買って開発するデベロッパーを見つけてくる。中間業者としての役割を担う。

これまで見てきたように、中間業者が初めからなりすましという詐欺行為を知って犯行に加担しているか、といえば、必ずしもそうとは言い切れない。地上げ情報や開発業者の人脈のある不動産業者だからこそ地面師の頭目が力を借り、彼らに純粋な転売益を落としてやるというパターンもある。したがって、クレオスが詐欺の謀議に加わっていたかどうかは微妙なところだ。

彼らは赤坂の一等地の売買取引について、ダイリツ、クレオスという中間業者を二枚噛ませ、アパが買い取る形をとった。ダイリツはもともとパチンコ業者が創業し、宮田が事実上、あとを引き継いだ会社だ。そして、赤坂の駐車場は、鈴木兄弟が相続したものと見せかけ、ダイリツからクレオス、アパへと転売された。エンドユーザーであるアパの物件買い取り価格は、実に一二億六〇〇〇万円という大きな不動産取引である。

折しも、不動産業界で事件の評判が持ちあがっていた渦中の一七年六月、ダイリツから物件を購入したクレオス社長の白根学に目黒区にあるウェスティンホテル東京で会うことができた。一階の奥にあるバーで待ち合わせると、そこに六〇代と思しき小柄な初老の男がやって来た。濃紺の地味なスーツを着て、黒い布製のショルダーバッグを肩にぶら下げ、重そうなキャリーバッグを引いている。それが白根だった。

「いや、すっかり遅くなってすみません。場所を間違えてしまって。そのうえ道が混んでいまして、申し訳ありません」

予定より一時間近く遅刻した。言い訳をしながら、汗だくの白根が平身低頭の態で名刺を差し出した。私は思わず、彼の手にしている大きなキャリーバッグに視線がいった。

「お待ちしていました。ひょっとして海外にご出張されていたのですか」

そう尋ねると、キャリーバッグを開けながら答えた。

「いえいえ、ぜんぶ書類なんです。いつ、どこで必要になるかわからないので、こうしていろんな物件の資料を持ち歩いています。そうでないと、不安なので」

キャリーバッグだけではなく、ショルダーバッグにも不動産物件の書類がぎっしり詰まっていた。重い荷物を抱えながら、毎日、取引先を飛び回っているという。

クレオスの白根が一躍不動産業界で知られるようになったのは、横浜の「バンドホテル」(BUND HOTEL)跡地の地上げだとされる。

関東大震災で甚大な被害を受けた横浜港復興のシンボルとして一九二九(昭和四)年、現在の山下埠頭の近くに建てられた木造二階建ての洋館のクラシックホテルだ。バンドとは海岸通りを意味し、ホテルからはロマンチックな港の景色を望む。

淡谷のり子のヒット曲「別れのブルース」や五木ひろしの「よこはま・たそがれ」の舞台となり、いしだあゆみの「ブルー・ライト・ヨコハマ」のブルーとは、館内のナイトクラブ「シェルルーム」の青いネオンサインをモチーフにしたと伝えられる。六〇年公開の日活映画「霧笛が俺を呼んでいる」のロケ地として知られ、石原裕次郎をはじめ、往年の大スターが定宿とした。

旧館のライブハウス「シェルガーデン」では、若かりし頃の桑田佳祐も出演し、評判を呼んだが、九九年五月には閉館する。そのバンドホテル跡地の争奪戦に参加したのが、クレオスの白根だ。量販店「ドン・キホーテ」の山下公園店となった（現在は閉店）その地上げをしたという。

「すでにこの頃、白根さんは有名でした。といっても、内田マイクや北田文明なんかの地面師とは違う。地上げ屋として知られてきた。動かす資金も、五〇億から一〇〇億といわれていました。いわゆる地面師とは一線を画す不動産ブローカーであり、その白根さんがアパの件で絡んでいるとは意外でした。ただ、（元山口組系）後藤組の持っていた代々木の真珠宮《しんじゅく》ビルの地上げでも、彼の名前が取り沙汰されていたので、そのあたりから地面師たちと接点があったのかもしれませんね」

そう話す業界の事情通もいる。地上げ業者として名高い白根は、アンダーグラウンドの世界に通じている半面、大手企業との付き合いも多い。大規模な不動産開発を計画する大手の資金提供企業がうしろに控えているからこそ、地上げの世界で名を馳せてきたのだそうだ。白根にとっては、アパも取引先の一つだったのだろう。

当の本人はこう話した。

「アパの件で私は被害者なのです。なのに、まるで地面師たちとグルになってアパを騙したようにいわれる。甚だ心外です」

白根はアパの要請に従い、今度の取引にかかわっただけであり、地上げの手伝いをしたにすぎないと言い張った。白根が東向島の一件でもひと役買っていたのはすでに書いたとおりだ。今度もまたなりすましを仕立てたことには気づかなかったのか。そう尋ねた。

「私はアパと話をしてきました。アパから頼まれていたからです。その取引の途中から、宮田や亀野が割り込んできて、ああなった。だから彼らがなりすましを使ってこんなことをしているなんて、まったく知りませんでした」

白根はそう答えた。次のように話した。

「私自身はアパとのあいだで民事訴訟になり、和解が成立しています。少しずつですが、返済することになっていますので」

この民事裁判により、事件は迷宮入りするのではないか、と予想された。事件を取材し始めた頃、アパが取材を拒否したのも、ひょっとしたら白根たちから被害を弁償してもらえると思っていたからかもしれない。

だが、捜査は再び動き出した。なにより売買の契約上は、白根の経営していたクレオスとアパとの売買という形になっている。そして白根は亀野や宮田たちとともに再び警視庁に逮捕される羽目になる。警視庁が白根に目を付けてきたのは無理もなかった。

釈放された手配師

なにより白根の経営する不動産会社「クレオス」がアパの交渉窓口である。土地代金一二億六〇〇〇万円の振込先もクレオスだった。それもあり、いったん民事上の損害賠償請求に応じて難を逃れたかに見えた白根だが、一七年十一月になって改めて逮捕された。

〈「アパ」12億円被害……「地面師」男女9人逮捕〉

一七年十一月九日付の読売新聞ウェブ版は、こう報じている。

〈ホテルチェーン大手「アパグループ」の関連会社「アパ」（金沢市）との土地取引を巡り、登記手続きに偽造書類を提出したとして、警視庁は8日、東京都目黒区、司法書士亀野裕之容疑者（53）ら男女9人を偽造有印公文書行使などの容疑で逮捕した。

このほか男1人についても同容疑などで逮捕状を取り、行方を追っている〉

逮捕者は一〇人、このなかには宮田や亀野のほか、秋葉や白根も入っている。さらに十一月二十九日付毎日新聞朝刊では、〈地面師9人再逮捕へ　アパ被害、12億円詐取容疑〉と再逮捕をこう報じた。

〈捜査関係者によると、宮田容疑者らは2013年8月、港区赤坂2の土地（約378平方メートル）の所有者の相続人になり済まして、アパグループの関連会社「アパ」（金沢市）と売買契約を結び、購入代金約12億6000万円をだまし取った疑いが持たれている。

契約後の登記申請の審査で、印鑑証明書などが偽造されていたことが発覚。アパは土地を取得できなかった〉

警視庁が彼ら一〇人を逮捕したのが、一七年十一月八日から二十九日にかけてのことだ。ここにはなりすまし役の松本と西川がまだ入っておらず、捜査二課は最終的に一二人を検挙した。

ところが、事件はここから意外な展開を見せる。白根とともに、なりすましの手配師と見られた秋葉などは不起訴処分になり、釈放されるのである。いったいどういうことか。

なりすまし犯の言い分

事件の公判が進んだ二〇一八年五月十八日、なりすまし役の一人である松本敬三の求刑前公判が東京地裁の八一五号法廷で開かれた。関係者以外はほとんど傍聴人もいない。そこで、公判後に当の松本に取材すべく、担当弁護士に声をかけた。

「松本さんにお話をうかがいたいのですが」

廊下に出たところをそう呼び止めると、弁護士が振り向いた。

「ああ、そうですか。松本さん、この人が話を聞きたいそうです。何か言っておきたいことはありますか」

弁護士は私の名刺を受け取りながら、松本のほうに向かい、確認した。松本のそばには五〇歳ほどの女性が付き添い、不安そうな表情でこちらを見つめていた。

「そうですね。まあ、言いたいことはたくさんありますけどねぇ。よく覚えていないところも多くてね」

か細い声で松本がそう話し始めた。

「もとはといえば、僕は還元水をつくる機械の本を書いていましてね。それで彼ら（地面師グループ）と知り合ったのです」

そう言いかけると、隣の弁護士が言葉を遮るようにしてとめた。

「そんないい加減なことを言っているから、あなたは詐欺師呼ばわりされるんですよ。誰も信用していないでしょ、還元水なんて」

還元水は電解水とも還元水素水とも呼ばれる。特殊な水だ。実際に水を生成して販売している業者もいる。簡単にいえば、水に電流を流して分解し、ペーハー（pH）八以上のアルカリ性の水を生成する。アルカリ性の水はアンチエイジング効果があるともいわれ、いっときは人気が出たが、その一方で、インチキな還元水生成機を売りつける詐欺まがいの業者も続出し、今ではすっかり下火になっている。

これまで書いてきたように、松本はアパ事件において、相続人の一人と称し、鈴木仙吉になりすまして逮捕・起訴された。詐欺事件の刑事被告人の還元水話など誰も信用しない、というのは弁護士の言うとおりかもしれない。

だが、当人はなぜかそんなことは意に介さず、いたって真剣に話をしているようにも感じた。

「その還元水をつくる機械の販売で、地面師たちと知り合ったのですか」

そう話を振ってみると、松本は我が意を得たりとばかりの満足そうな表情を浮かべた。

「そうなんです。私は以前に高校で物理を教えていましたから。そのへんの理論には詳しいのでね」

なりすまし犯の松本は、東京都内の元高校教師だったという。身長は一六〇センチそこそこだろうか。小柄で細身なので八七歳という実年齢よりさらに老けて見えた。年齢のせいか、記憶もかなり曖昧だ。反面、妙に鮮明に覚えている部分もある。還元水の件は事件とは直接関係なく、地面師グループと出会うきっかけに過ぎない。

「私は還元水に関する本を書いていましてね。粟屋《あわや》（啓子）さんと、その話で気が合ってお金の貸し借りが始まったんです。といっても、細かい小金のやりとりで、僕が借りて返すみたいな。そんな付き合いが始まったのが、巣鴨の『伯爵』という喫茶店でした。あそこには、ああいう類の人が集まっています」

粟屋啓子という人物は秋葉紘子の手下だと見られている。秋葉に命じられ、松本を犯行グループに引き込んだとされる。もっともこの人物もまた犯行との因果関係を立証できず、とがめなしで終わっている。

巣鴨駅周辺を歩いてみると、「伯爵」は簡単に見つかった。レトロな空気が流れる純喫茶だ。メニューには、ピザトーストやナポリタンスパゲティなど懐かしい軽食もある。都心ではスターバックスやドトールコーヒーに押され、昔ながらの喫茶店はすっかり減ってしまったが、さすが高齢者の原宿といわれるだけあって、巣鴨伯爵はずいぶん賑わっていた。高齢者だけでなく、やくざ風の男たちが、紫煙を吐きながら書類を広げて真剣な顔をして話をしている。

松本によれば、ここにはアパ事件にかかわったブローカーや事件師たちが数多く出入りしていたという。そうして話に出てきた粟屋に誘われ、なりすまし役を引き受けることになったというのである。

もっとも松本は、秋葉の下で動いた粟屋とは密接にかかわっているが、当の秋葉とは面識がある程度だと頼りなく話した。

「粟屋さんと会うといっても、前はふた月に一度くらいでしょうかね。それからときどきお金を借りるようになってね。この件でも交通費として三回くらいは小さな金をもらいました。一回二〇〇〇円くらいで、多くても六〇〇〇円くらい。それで僕は何が何だか、よくは覚えていないのです。全部終わったときには、たしかに一〇万円受け取りました。手渡しでしたね」

前述したようにアパ事件では、二〇一三年七月から八月にかけ、松本が偽造された印鑑証明や委任状を使って鈴木兄弟の兄仙吉になりすましました。松本たちが「万安楼」所有の赤坂の一等地を相続したように見せかけ、ダイリツ、クレオスといった不動産業者を介してアパに土地を売却するように装い、アパの代表元谷外志雄らから一二億六〇〇〇万円を騙し取った。その取引現場に松本が駆り出されたのである。

一二億六〇〇〇万円の土地代金決済は、一三年八月六日十一時ごろ、アパ赤坂中央ビル三階の三菱東京UFJ銀行（当時）赤坂支店でおこなわれた。実はビルに入るときの模様などが、防犯カメラで録画されていて、ある意味、それが捜査の決定打となる。そして松本は逮捕・起訴された。だが、その肝心の取引現場について松本には、まったく記憶がないという。

「弁護士や刑事さんからも聞かれましたけど、銀行に行った記憶はほんとにないんです。ただ、途中で粟屋さんから、『小遣い稼ぎになるから』と言われてあちこちへ連れていかれたかな。でも報酬の話もなかった。金は銀行に行って登記が済んでから、持って来たんだ。それは粟屋さんじゃなく、伯爵に出入りしている性質《タチ》の悪い高利貸しから、電話があってね。四谷駅のアトレに呼び出されて、一〇万円を受け取りました」

元高校教師はなりすまし報酬一〇万円で犯行に加担したという。話しぶりから見ても嘘を言っているようには見えなかった。

しかしなにしろ記憶そのものが途切れ、断片的すぎて脈絡がない。担当弁護士が松本の公判で心神耗弱を理由に無罪を争うことも検討したほどだ。むろん鈴木仙吉の生年月日などを覚え込み、取引に臨んでいるため、無実とは認められない。だが、認知症の症状が出ているのもたしかなようで、本当に記憶がないようにも感じた。それも地面師たちの計算に入っているのだろう。松本には他の犯行グループとの指揮系統やそれぞれの役割など、とうてい証言できない。手配師はそういう高齢者を巣鴨で見付け、なりすましに仕立てていた。

二〇一八年十一月八日、主犯格とされてきた宮田康徳の検察側による論告求刑があった。東向島事件で確定している五年半の懲役に加え、検察から新たに八年の服役を求められた。宮田は言った。

「事件のスキームは亀野たちがつくり、亀野が分け前の配分を決めた。彼らには事実を述べてもらいたいが、私のように自供してしまうと、こういう案件は二度とまわってきません」

アパ事件のスキームを組み立てたのは、司法書士の亀野と松元哲（四五）というブローカーだった。むろん二人は逮捕されたが、容疑を否認している。そして池袋の女芸能プロダクション社長、秋葉をはじめ、黒幕と目されてきた地面師の多くが起訴を逃れ、娑婆に舞い戻った。

第六章

なりすまし不在の世田谷事件

●元NTT寮だった土地・建物をめぐる巨額の詐欺事件で、内田マイクに再び逮捕状が出た

「焼身自殺しようかと思った」

捜査員にとっては、仕事納めギリギリのタイミングだったといえる。二〇一七年十二月二日土曜日の午後七時過ぎのことだ。警視庁町田警察署刑事課の私服刑事が手分けし、東京都内の関係先を張り込んでいた。最大の捜査対象の一人が北田文明、そしてもう一人が内田マイクだった。

赤坂の駐車場をめぐって鈴木兄弟になりすまし、ホテルチェーン「アパグループ」から一二億六〇〇〇万円を騙しとった地面師たちを逮捕したのが十一月八日から二十九日にかけてのことだ。警視庁捜査二課はそこから間髪を入れず、新たな捜査に乗り出した。それが、かつてNTTの寮として使われていた世田谷の土地・建物をめぐる詐欺事件だった。捜査当局の狙った北田と内田。二人が多くの地面師事件で中心的な役割を果たしてきたことは繰り返すまでもないが、この時期に彼らの本格捜査に踏み切ったのは、別の理由もあった。

内田マイクは、すでに二〇一五年十一月、杉並区浜田山の駐車場オーナーになりすました二億五〇〇〇万円の詐欺事件で逮捕・起訴されている。それから二年後のこの年、東京地裁の一審、東京高裁の二審判決ともに実刑判決が下った。が、当人はこの間、控訴、上告して保釈中の身となり、相変わらず優良不動産を物色し、新たな事件の裏で糸を引いてきた。

一方、もう一人の北田もまた、詐欺事件の前科前歴がある。が、この数年は逮捕されていなかった。警視庁捜査二課にとっては、厄介な二人を野に放ったままだ。そんなときに着手したのが、世田谷のこの事件だった。警視庁捜査二課は二人のスター地面師を同時に捕まえられる好機だととらえていたのだろう。しかし、事件現場となった所轄署の刑事たちに本庁ほどの熱が入っていたわけではなかった。後述するとおり、そのせいで捜査はずいぶん迷走する。

十一月に入り、元NTT寮をめぐる不動産の詐欺容疑は固まっていたが、主犯の一人と睨んだその北田の消息が途絶えた。帳場《ちょうば》を置いた町田署の捜査員たちの焦りは想像に難くない。帳場とは、捜査本部を指す捜査員たちの符牒《ふちょう》であり、そこに警視庁本庁捜査二課の応援が入り、具体的な捜査を展開する。

「北田が出てくるまで、ガラ（身柄拘束）は無理だ。見つけ次第、一挙にやるぞ」

本庁からそう指示された町田署の捜査員が北田を発見したのが、まさに十二月初めの週だった。逮捕日は、検察に身柄を送検するまでの四八時間の警察署内の勾留とそこから起訴するまでの検察留置の二〇日間から逆算して決めるのが、常道だ。十二月下旬の仕事納めを考えると、北田の逮捕は年内にできるかどうかという瀬戸際だった。そうして町田署の捜査員が二日、関係各所をいっせいに家宅捜索した。

泡を喰ったのは、もう一人の内田だった。たまたま留守にしていた自宅で、夫人が捜査員に応対した。夫人は隙を見て夫に連絡したようだ。

「北田と連絡が取れないんだ。どこにいるか、知らないか？」

夫人から自らの家宅捜索を知らされた内田は焦り、心当たりのあるところへ片っ端からそう電話をかけた。それが瞬く間に広がり、町田署が手掛ける事件にも内田がかかわっているのか、という噂が広まった。そして保釈中の内田はそこから行方をくらました。

世田谷の事件は、世田谷区中町にある元ＮＴＴ寮の売買から始まっている。発生場所と詐欺の犯行現場が町田市だったことから、地面師のあいだでは「町田事件」とも呼ばれるが、本書では「世田谷事件」に統一する。ここでも内田と北田のコンビが暗躍した。

警視庁の本格捜査が始まったこのとき、内田と北田との連絡が途絶えたのは無理もない。内田が夫人から連絡を受けたときには、すでに町田署に北田をはじめとする四人の犯行グループが勾留されていた。正式な勾留請求は十二月四日だったが、事前に身柄を押さえられていたのである。本来、被疑者を逮捕すれば記者発表する。が、警視庁は事件をすぐに公表しなかった。そこには慎重にならざるをえない理由もあった。

「騙されてから二年半、ようやくここまでたどり着いた。この間、警察も信じられなくなり、いっそのこと、町田署の前でガソリンをかぶって焼身自殺をしようかと思ったくらいでした。本当に長かった」

北田たちが逮捕されてほどなく、被害者である不動産業者、津波幸次郎（仮名）に会うことができた。詐欺に遭った当人は、そう本音を漏らした。

事件が動き出したのは、発生から二年ほど経過した一七年の春だ。それまで捜査は行きつ戻りつ、紆余曲折があった。捜査二課が実行犯グループの親玉と睨んだのが、北田文明であり、北田とともに犯行を練ったのが、内田だった。すでに不動産業界で名前の売れている北田は、本名の北田文明ではなく、北田明、あるいは北川明と名乗って事件に登場している。またここには、アパ事件で逮捕された元司法書士の亀野裕之も登場する。被害額は五億円。かなりの大事件だ。

世田谷事件には、内田や北田、亀野という地面師事件の常連が顔を出す。それだけに手口の共通点もある。が、その一方で事件からは新たな捜査上の問題も浮かび上が

ってきた。捜査のやり方が、地面師たちをはびこらせている要因の一つになってお
り、これも地面師事件の特徴の一つといえる。

二重売買という新たな手口

始まりは一五年四月半ばだ。都内で不動産会社を経営する津波が、かつてＮＴＴの従業員寮だった土地・建物の売却話を知り合いの不動産ブローカーに持ちかけられたことに端を発している。

ＮＴＴの寮だった鉄筋の建物は、東急大井町線の上野毛駅に近い世田谷の好立地にある。津波は建物をリフォームすればマンションとして使えると考えた。不動産ブローカーはそんな津波に対し、五億五〇〇〇万円の買い取り価格を提示し、津波は五億円なら買うと答え、その売買価格で折り合った。

元ＮＴＴ寮の持ち主である西方剣持（仮名）から犯行グループがいったん物件を買い取り、津波のような不動産業者に転売する。世田谷事件の手口もまた、これまでしばしば見てきた地面師事件と同じく中間業者を一枚嚙ませようとした。不動産業界では珍しくもない取引でもあるので、津波にもさほどの警戒意識はなかった。

もっとも、他の地面師事件とは決定的に異なる部分がある。それはなりすまし役が

存在しないという点だ。地面師事件では、概して詐欺集団が地主のなりすましを用意し、不動産会社に売りつけるというパターンが多い。が、このケースは少し違う。いわば「なりすましの存在しない不動産詐欺」であり、犯行グループは持ち主と不動産業者の仲介者として登場し、最終的に不動産業者から振り込まれた購入代金をせしめた。

ごく簡単にいえば、売り主である地主は本物だが、買い主とのあいだに登場する仲介者が、売買代金を騙し取る。そこには、他の地面師事件にはないカラクリがある。北田がその犯行計画を仕組んだ。名の売れている北田は「伍稜総建」や「東亜エージェンシー」といったペーパーカンパニーを取引の表に立て、なるべく津波との交渉現場に立ち会わないようにしていた。北田が支配する東亜エージェンシーは社長に松田隆文を据え、従業員の大塚洋とともに窓口として取引を進める形をとった。北田自身は必要最低限、要所要所で取引に登場しただけだ。詐欺は、最初から巧妙に仕組まれていた。被害者である津波が説明してくれた。

「われわれとしては、持ち主の西方さん、東亜エージェンシー、うちの会社というAからB、BからCという取引のつもりでした。本来、二者で取引をすればいいのだけれど、二〇回に一度くらいはそういう中間業者が介在するケースもあります。B社が物件を探してきてくれた紹介者という位置づけであり、そこに利益を落とさなければならないので仕方ありません」

世田谷の元NTT寮の売買で仲介者として使われたのが東亜エージェンシーなるペーパー会社だった。しかし、彼らが仕組んだ取引はこれだけではなかった。実は持ち主の西方と北田たちのあいだには、別にもう一つの取引が進行していたのである。

かつてのNTT寮を所有してきた世田谷の地主西方は、都内のほかに宮城県仙台市内に山林を持つ資産家だった。

「NTT寮と仙台の山林の両方をセットで買ってくれるところはないだろうか。最低でも二〇億円で売りたい」

そう話している西方の希望を聞きつけたのが、内田であり北田だ。北田たちは二つ返事で地主の願いを引き受けた。

マンション用地として最適な世田谷の元NTT寮はすぐにでも買い手がつきそうだ。だが、仙台の山林の買い手として手を挙げる開発業者などそうはいない。そこで犯行グループはふたつの取引を巧みに使う、いわゆる「二重売買」を企んだのである。

津波は、不動産ブローカーに紹介された北田たちから、あくまで元NTT寮の買い取りを持ちかけられただけだ。一方で売り主の西方は世田谷の元NTT寮だけの売却を了承するはずがない。したがって取引が成立するはずはないが、津波はそんな事情など知る由もなかった。

そうしておいて北田たちは、仙台の山林と元NTT寮をセットで買い取るという触れ込みの会社を別に仕立てた。それが「プリエ」だ。これもまたペーパーカンパニーであり、北田は熊谷秀人という配下をその代表取締役社長に据えた。

プリエの熊谷は取引で茅島秀人と偽名を使い、持ち主の西方に対し、希望通り元NTT寮と仙台の山林を合わせて二〇億円で買い取ると約束した。

その一方で、北田たちは津波に対し、東亜エージェンシーが元NTT寮だけを持ち主から買い、五億円で転売すると提示した。まったく異なる二つの取引が進行しているとは知らず、津波は五億円の金策を銀行に頼み込んだ。

地面師集団に限らず、詐欺師が相手を騙すときには、取引を急がせる傾向がある。彼らにとっては、なによりどさくさに紛れて取引を進めるスピードが大事なのだ。実際、世田谷事件でも、津波に五億円の取引話が持ち込まれたのが一五年四月半ばで、津波ははじめそこから二週間後の月末取引を要求された。

「他にも競争相手がいるので、グズグズしていると取引をさらわれてしまうよ」

北田の手下である松田はそう言って津波に危機感を植え付け、買い取りを急がせた。津波はさすがに四月中の契約は無理だと断ったが、そうそう先延ばしにすることもできない。そして五月に入り、具体的な取引の交渉が始まった。

不動産取引のプロである津波は、むろん持ち主の存在を確認するため、仲介者である東亜エージェンシーに、西方本人との面会や直接交渉を頼んだ。通常の地面師事件では、犯行グループがここでなりすましを用意するのだが、このケースでは本物が立ち会ったので、疑いの余地がない。津波は彼らの取引をなおのこと信じ込んだ。

詐欺の舞台装置

そうして五月十二日、津波たちは実際の持ち主とともに現場確認に向かう。かつてNTTの従業員寮として使われていたという建物に入った。

「これなら内装を少し直すだけで、マンションとして使える」

そう感じた津波は、ひとまず安堵した。すぐにリフォームする工事業者の手配をし、五億円の代金振り込みをする契約日にそなえた。津波が打ち明ける。

「五月二十日になって、初めにこの取引話を持ってきた不動産ブローカーたちが、うちの会社に北田を連れてきました。そこで北田が『一週間後の二十七日には決済したい』と言い出したのです。彼らからはずっと取引を急かされていたので正直、またか、とうんざりでした。それでも一週間あるので、はじめ言っていた四月の契約よりましだから、まあいいか、と了解したのです。あとでわかったんですが、なぜ北田たちが一週間の猶予をこちらに申し出たか、といえば、その間、亀野が海外に行ってい て、日本にいなかったからでした。亀野は事件で重要な役割を担った詐欺師ですからね。向こうとしては、彼が戻って来てから決済しようとなったのでしょう」

亀野裕之が前章のアパ事件をはじめ数多くの地面師事件を手掛けてきた司法書士なのは、繰り返すまでもない。住まいは目黒だが、千葉県船橋市で司法書士事務所を開業している。そこは地面師たちのあいだでも知られた司法書士事務所であり、亀野の配下の会計士や職員たちが所属してきた。アパ事件では宮田康徳らとともに主犯格として逮捕され、東向島事件でも、宮田とともに一七年二月に摘発されている。

問題の世田谷の元NTT寮の売買決済は、そんな悪名高い司法書士の帰国を待って実行に移された。北田の要請によりY銀行の町田支店の部屋を借り、そこに関係者たちが集った。改めて念を押すまでもなく、東亜エージェンシーが西方から元のNTT寮を買い取り、津波が東亜社から転売してもらうという段取りのはずだった。二つの取引を同時におこなう同日取引で、東亜社にその間の売買差益が落ちる手はずになっていた。

通常、不動産業者間のこうした取引には、物件の所有者や仲介者の取引銀行に応接・会議室を用意してもらい、そこで作業をすることが多い。それ自体は問題ないが、このケースだと二つの取引決済を同日におこなうため、会議室が二つ必要になる。詐欺師たちにとって、それも重要な舞台装置の一環だった。

「A社からB社、B社からC社という二つの取引なので、はじめは同じ銀行の支店内で二つの部屋を借り、そこで作業する手はずでした。まず北田たちから指定されたのがY銀行の町田支店です。うちの会社と東亜エージェンシー、それに西方さん、それぞれの司法書士が立ち会ってY銀行町田支店で契約を交わし、その場で代金を支払う段取りだった」

津波がそう振り返った。

「ところが取引当日になって、とつぜん話が変わったのです。東亜・北田側が、『西方さんが、Y銀行の町田支店では家から遠いので困ると言っています』と取引場所の変更を求めてきたのです。彼らはすでにその変更先を決めていた。『東急線沿線にあるM銀行の学芸大学駅前支店に西方さんを呼んでいるから、そちら側の司法書士などを向かわせてほしい』と要求するのです。地主さんの希望なので、断われませんでした」

これもトリックの一つだ。そうして不動産代金の支払い決済は、町田と目黒区の学芸大学駅前という遠く離れた別々の銀行でおこなわれることになる。津波の会社の担当者はY銀行の町田支店で不動産代金の五億円を引き出した。

本来なら、その五億円がM銀行の学芸大学駅前支店で待つ東亜エージェンシー側に送金され、それを確認した東亜エージェンシーが持ち主の西方に売買代金として入金すれば取引が完了する。だが、初めから犯行グループは取引を成立させるつもりなど毛頭ない。取引場所を分断させたのは、時間稼ぎと同時に、目の前で現金のやりとりをされては困るからだ。そのために決済当日になって持ち主の西方を別銀行の支店に呼び出し、目くらましをした。

そして案の定、津波の支払った五億円がその日のうちに消えてなくなる。五億円は東亜エージェンシーの松田ら犯行グループの手によって四分割され、北田の関係先に振り込まれた。東亜エージェンシーを介して一億三〇〇〇万円が北田の手に渡り、さらにその日のうちに犯行グループが仕立てた大阪のペーパーカンパニーに三億三〇〇〇万円ほどが振り込まれていたのである。

いわば籠脱け詐欺のようなものだ。彼らがまんまと五億円をかすめ取っていたその間、M銀行の学芸大学駅前支店に代金の五億円が送金されるものと信じ込んでいた津波側の司法書士事務所の職員は、待ちぼうけを食わされた。呆然として、どうすることもできない。むろん所有権の移転登記手続きどころではなかった。

地面師たちがNTT寮だった世田谷区の土地建物の売買を装い、買い手の東京都内の不動産業者、津波幸次郎から五億円を詐取した不動産詐欺だ。被害者の証言を中心に、事件をより詳細に再現してみよう。

二九億円の見せ金

被害者の津波は地面師たちの口車に乗せられ、取引当日の一五年五月二十七日になって売買決済の場所の変更に応じた。北田たちに指定された場所が、Y銀行の町田支店とM銀行の学芸大学駅前支店の二ヵ所だ。

なぜ銀行も支店も異なる別々の場所で取引をおこなうのか――。とうぜん津波は疑問を抱き、中間業者である東亜エージェンシー側に質問した。その際、北田は土地の持ち主である西方の取引口座がY銀行になく、M銀行にしかないこと、さらに西方の自宅から町田が遠いという理由で学芸大学駅前の支店にしたのだ、と言い繕う。これに対し、津波側も妙だとは思ったが、取引の直前になってそう伝えられたため、了承せざるを得なかった。

　これが、犯行グループの最初の仕掛けだ。津波はY銀行の町田支店にベテラン司法書士と担当課長を配し、M銀行の学芸大学駅前支店には司法書士事務所の職員と自社の社員を向かわせた。

　津波は自社の担当課長に、元NTT寮の売買代金である五億円をY銀行町田支店で引き出し、仲介者である東亜エージェンシー側の口座に入金するよう指示した。改めて言えば、東亜社長の松田がM銀行学芸大学駅前支店にその五億円を送金し、持ち主である西方の口座に入金するという手はずだ。

　ここで地面師グループの北田たちは、さらにもう一つトリックを用意した。それが「プリエ」社長の茅島こと熊谷秀人の介入である。これも取引当日の五月二十七日のことだ。

「プリエの茅島が、西方さんからこの物件を買う窓口となります。M銀行の学芸大学駅前支店に彼がいるので、確認してください」

　唐突に北田たちはそう言い出した。津波にとって、プリエの存在などまったく寝耳に水だった。北田の津波たちに指示した五億円の送金の流れはこうだ。

「津波↓東亜↓プリエ↓持ち主の西方」

これもまた、登場人物を増やすことによって、犯行の発覚を遅らせるという詐欺師の常套手段でもある。そもそも津波が、西方が元NTT寮と仙台の山林をセットで売りたがっている、という話を聞かされたのも、取引当日になってからだ。

「といっても仙台の土地取引は本件とは関係ありませんから、ご心配なく。そちらはプリエのほうで処理するので、五億円さえ払っていただければ、NTT寮を購入していただけますので」

北田の配下の松田にそう説明された。つまり仙台の山林はプリエが買うので、津波は元NTT寮だけを買えばいい、という話だ。津波たちはしぶしぶ応じざるをえなかった。この時点ですでに完全に詐欺師たちのペースにはめられていたといえる。

では、北田たちは持ち主の西方をどう説得したのか、といえば、あくまでプリエが元NTT寮と仙台の山林をセットで買い、それを再開発するかのような話をしていたようだ。西方は、両方の物件を少なくとも二〇億円以上で売りたいと要望してきたので、プリエにその資金力があるように見せかけなければならない。もとよりペーパーカンパニーのプリエにそんな資金力があるはずはないが、地主に対する偽装工作について、津波が北田たちの手口を明かした。

「あとでわかったのですけど、西方さんに対し北田らは『プリエには仙台の山林と世田谷の建物（元NTT寮）を一括で買える現金があるから大丈夫だ』と説明していたようです。プリエの銀行口座にある二九億円の残高を見せ、『ここにこれだけあるから安心してください』と。ところが実は、その二九億円は北田が小切手を使って入金したもので、使えない見せ金だったんです」

小切手や手形を駆使したこうした見せ金もまた、詐欺師の得意の手口だ。経営難に陥っている会社を見つけてきて、そこに手形を振り出させる。巷間、その手形は〝ポン手〟や〝クズ小切手〟と呼ばれ、手形交換所に回すと不渡り確実な代物である。つまり銀行に手形で入金しても現金として引き出すことができない。しかし形の上ではその分の預金が積み上がったことになる。それを利用するわけだ。それなら見破る方法があるように思える。

ところが、現実には津波側の司法書士でさえ、プリエの預金残高を見せられて信用してしまった。そこにも巧妙な仕掛けがある。

「間違えて振り込んだ」

こうした不動産売買をする場合、本当に買い手に資金力があるか、売り主はそれを確認する。その際、会社の資産状況を示す証拠として、銀行に現預金の残高証明書を発行してもらうのが、ふつうである。が、残高証明には手形入金の記載があり、それだとクズ小切手による入金工作がばれてしまう。そこで北田は、通帳や残高証明ではなく、ＡＴＭの伝票を持ち主や津波側の司法書士事務所の職員に見せ、信用させた。

実際は、よく見るとＡＴＭの伝票にも小切手による入金が小さく記されているのだが、なかなか気づかない。持ち主の西方はもとより、取引のプロである津波側の司法書士も見落としてしまったという。

取引の現場には、東亜側の司法書士である亀野裕之の部下が立ち会っていた。津波側の司法書士も、同じ司法書士同士で、まさかそこまでするとは思っていなかったのかもしれない。津波はこう悔しがる。

「あちこちで悪事を働いている亀野は、私の事件のときちょうど懲戒処分を受けている最中でした。それで表向き取引に立ち会うことができない、ということで代わりに部下を派遣して、取引現場に座らせていただけでしょう。その部下は自分の意思も何もない操り人形みたいな感じだったそうです。それでも、こちら側の司法書士事務所の職員は、プリエにはたしかにけっこうな預金があるんだなって思ったそうですからね」

津波側の司法書士事務所の職員は、東亜エージェンシーの松田側がＹ銀行町田支店で五億円を引き出し、その引き出し伝票をもとに、M銀行学芸大学駅前支店にいるプリエ側に送金するものと信じ込んでいた。だが、そうはならない。

取引経過をさらに細かく追えば、第一段階として町田支店で津波たちの五億円が引き出されたのが、二十七日午後一時から二時までの一時間足らずのことだ。あとの作業は東亜やプリエに任せる以外にない。言ってみれば、津波側の作業は町田支店でほぼ終了したことになる。津波側の残る作業は、学芸大学駅前支店に派遣している津波側の司法書士事務所の職員が、プリエから持ち主の西方へ五億円が入金された事実を見届けること。それが確認できれば、あとは西方から登記書類を預かって法務局へ向かうだけだ。事実、そのために津波側は遠いM銀行の学芸大学駅前支店にまで自社の社員や司法書士事務所の職員を派遣し、法務局の世田谷出張所で所有権の移転登記をおこなうつもりでいた。

ところが、学芸大学駅前支店には待てど暮らせど、五億円の送金がない。津波は、そのあたりの出来事も社員や司法書士からのちに詳しく聞きとっている。津波が苦渋の表情を浮かべながら、記憶の扉をあけた。

「少なくとも銀行の閉まる午後三時までには、学芸大学駅前支店でプリエから西方さんの口座に入金しなければならないのですが、その時間を過ぎてしまいそうでした。

それで、向こうに行ってもらった私どもの司法書士事務所の職員から、『どうなってるんですか』と電話連絡が司法書士の先生に入ってきました。Y銀行の町田支店ではとっくに作業を完了している。だから、あとは登記するだけだと思い、うちの司法書士の先生たちが世田谷の法務局で落ち合う手はずになっていて、すでにY銀行から向かっていたときです」

そうこうしているうちに午後三時を過ぎ、銀行の窓口が閉じてしまった。それでも、M銀行学芸大学駅前支店に派遣している津波側の司法書士事務職員からは入金の連絡がない。

「それで、三時四〇分ごろになって、すでに世田谷の法務局で待機していた司法書士の先生から僕に電話がありました。銀行の窓口が閉まり、東亜の松田に連絡したみたいで、先生も焦っていたと思います。先生は私に『どうも松田が間違えて売買代金を別のところへ振り込んじゃったらしい。明日には金を戻させると言っているので、登記は明日でいいですか』というのです」

むろんそんな呑気なことでは困る。津波はつい司法書士に対する電話の声が大きくなってしまった。

「先生、ちょっと待ってください。それが嘘だったらどうなるんですか」

つい詰問調で司法書士に聞いた。急いで学芸大学駅前支店の司法書士事務職員たちにも電話をかけた。

「プリエの茅島（熊谷の偽名）は、どうしているんだ」

そう尋ねた津波に対し、職員の答えはあまりに頼りないものだった。津波が言葉を絞り出すように言った。

「茅島は『うちは二〇億円くらい払おうと思えば払えるけど、商売だから、そっちからお金が来ないことにはね。それまでは払えません』ととぼけているというのです」

もはや銀行のシャッターは閉まっている。

「こっちの人間は四時を過ぎても、ずっと銀行の外で待っていたそうです。そのうち茅島が、『近くで（別の）取引があるので、それを確認してきます』と言い残したっきり、どこかへ行ってしまった。それから銀行の支店に戻って来なかったというのです。明らかに普通じゃないし、もう放っておけませんでした」

津波側の司法書士は、この間、東亜社の松田と電話でやり取りをしていたようだが、埒が明かない。不安を覚えた津波は迅速に動いた。

消えた五億円の行方

津波はその日の夕方になって、御茶ノ水にいた松田を捕まえた。それが午後七時ごろだ。こう振り返った。

「うちの司法書士の先生といっしょに松田と向き合うと、彼はタバコを吸いながら、足を組んで余裕を見せていました。本当に振込先を間違えちゃったとしたら慌てふためいているはずでしょう。なのに、いかにも落ち着いていて普通にしているではないですか」

ここまで来ると、もはや相手を信用できるわけがない。

「一体どうなっているんだ」

津波は思わず声を荒らげた。

「このとき振込伝票の控えを見せてもらって、すべてがわかったのです。こちらの五億円は、北田や松田によって四分割され、まったく関係のないところに渡っていたことが……」

消えた五億円の売買代金について、津波が資料を手にして経過を確かめながら、改めて冷静に分析した。

「一つは北田が現金で三〇〇〇万円を引き出して持ち帰り、残り四億七〇〇〇万円のうち、セキュファンドという会社の口座に三億二五〇〇万円、東亜に一億円、あとセブンシーという会社にも四〇〇〇万円が振り込まれていました」

東亜社の松田が四分割して送金した売買代金のうち、最も大口の振込先が大阪府岸和田市に登記されているペーパー会社「セキュファンド」だった。津波がこう説明を加えてくれた。

「松田に『セキュファンドという会社を知ってるのか』って聞いたら、『そこには電話で事情を話し、振り込んだ金を戻すことを確認したから大丈夫です』って言うんです。もちろんそれも嘘だった。ネットでその会社を調べても、ファックス番号すら出てこないのです」

業を煮やした津波は松田を連れ、その足でセキュファンドのある大阪へ向かった。津波たちを乗せたのぞみの大阪着は深夜になった。一泊した翌朝、津波は真っ先に三億円あまりが振り込まれていたM銀行の当該支店に向かい、事情を銀行に説明して中身を確かめた。だが、すでにその三億は銀行口座から引き出され、残高は空になっていた。そこでやむなくセキュファンドのある住所を訪ねた。だが、そこは会社の看板すらない。誰もいないマンションの一室だった。

「もぬけの殻とはこのことです。会社の看板がないどころか、驚いたことにそこはただのワンルームマンションだった。それで東京に取って返し、僕の会社で善後策を練ることにしたのです」

津波本人が思い起こす。

「会社には銀行の担当者がお見えになっていました。松田らはずっと間違えて振り込んだと言い張っていました。銀行の方によれば、もし本当に間違いなら〝組み戻し〟という作業をして、いったん元に戻すこともできるという話でしたので、念のためその作業をしたのですが……」

津波にとって五億円の詐欺被害は死活問題だ。二十八日、東京に戻り松田を問い詰めているとき、ふと新幹線での松田の様子が思い浮かんだという。松田は車中でスマホをいじりながら、誰かとメールでやり取りをしていた。

「そこで、『松田さん、疑わしいことがないんだったら、あなたのその携帯の着信履歴を見せてください』と迫ったのです。彼は最初拒んでいたんだけど、しぶしぶ見せてくれました。松田の電話には、北田の電話番号が北川という偽名で入っていました」

津波がこう続ける。

「松田は北田とLINEでもやり取りをしていました。そこでは、北田からの『もう少し耐えろ』とか、『ギリギリまで頑張れ』みたいなことがメッセージとして残っていました。松田のほうからは『弁護士を紹介してください』という発信もありました」

繰り返すまでもなく、松田が北田と連絡を取り合っていたのは、前日の二十七日に東京から新幹線で大阪に向かったおよそ二時間四〇分のことだ。津波は少しでも松田から情報を引き出そうと必死だった。

「LINEのメッセージに弁護士を紹介してくれとあるのはどうしてか？　なぜ弁護士に相談する必要があるのですか。これはどういう意味ですか」

一気にそうまくし立てた。

「すると、松田はもごもご誤魔化していました。けど、何か言わなければいけないと思ったのでしょう。『自分は結婚詐欺被害に遭っているので相談しようとしてるんです』なんて、とってつけたような辻褄の合わない言い訳をしていました」（津波）

騙されたことを確信した津波は、二十八日中に松田を町田警察署に突き出した。不安だったのだろうか。なぜか、そのあと北田もみずから町田署に出頭した。

二重取引を駆使した地面師詐欺は、こうして町田署による捜査が始まったかに思えた。だが、名うての地面師、北川明こと北田文明をはじめ、配下の「東亜エージェンシー」社長松田隆文や同社の大塚洋、「プリエ」社長の茅島秀人こと熊谷秀人ら四人を町田署が正式に逮捕したのは、犯行日から二年半も経過した一七年十二月四日から五日にかけてのことだ。北田の後ろで糸を引いている内田マイクも、最終的に取り逃がしてしまう。そこには、捜査の大きな問題があった。

杜撰な捜査

もとより松田が五億円を四分割した振り込みは、間違いなどではない。明らかに意図した詐欺である。相談した銀行で説明されたように組み戻し手続きで取り戻せるはずもなかった。となると、被害者にできることは警察に委ねるだけだ。だが、松田を町田署に突き出した津波は、その後の警察の対応にかなりの不信感を抱いている。こう言った。

「松田を町田警察署に引き渡したあと、松田が具体的に警察へどう説明したのかはわかりません。ただ、私たちが事情を聞かれるなかで町田警察の係長が言った言葉が、妙に引っかかりました。『あんたたち、みなで松田を責め立てたんだってな。それはまずかったな』と言っていました。その言葉の意味が、あとになってようやく理解できました」

五億円もの大金を騙し取られた津波は、まさに死にもの狂いで警察に事件の解明をり返った。

訴えた。それに対し、警察の対応はいかにもやる気がないように見えた、と当時を振

「松田を連れて町田警察に行ったのが、東京に戻ってきた五月二十八日夕方の六時ごろだったと思います。その場で、『しっかり捜査をしてください』と伝えました。ところが係長は、その日のうちに、松田を釈放すると電話で伝えてきたのです」

津波が視線を床に落としながら、つぶやいた。

「私としては、松田を捕まえて五億円の行く先を追及すれば、多少なりとも騙し取られたカネが返ってくると思ったのです。それで、『そんなバカな、帰さないで捜査してください』と係長に必死でお願いしました。でも電話では、『分かった、分かった』と生返事をするばかりで、取り合ってくれない。係長はしまいに『もう切るぞ』と言ったきり、一方的に電話を切って、本当に釈放してしまったのです」

松田が町田署から釈放されたのは、午後八時だという。その間、町田署による松田の取り調べはわずか二時間程度でしかない。自ら出頭した北田にはまともに話を聴いていない。あまりに杜撰な捜査と言わざるを得ないのである。

もちろん津波はあきらめ切れない。釈放の電話を受けたあと、長野県にある松田の両親の住む実家まで突き止めた。五月の末、物件を担当した担当社員とともにそこを

訪ねたという。

荒唐無稽の共犯説

「松田の実家は安曇野のあたりで、かなり遠く、東京から六時間くらいかかりました。そこで『息子さんが騙し取ったカネをあなた方に返してくれとは言わないから、せめて警察で正直に話すように説得してもらえませんか』とお願いしたのです。しかし、向こう（松田の両親）は、このようなトラブルに慣れたもんでした。また来たか、って感じで、体よく追い返されました」

津波たちは肩を落とし、松田の実家をあとにした。こう言葉をつないだ。

「私たちが帰って間もなく、松田の弁護士を名乗る人物から、えらい剣幕で抗議の電話がありました。それで、その弁護士に『先生は当人が詐欺を働いていることを知っているんですか』と尋ねると、『それなら訴えればいいだろ』と開き直る始末でした」

このとき松田の依頼した弁護士がどう動いたのかについては定かではないが、ひょっとすると、北田が手配したのかもしれない。地面師事件には、常に弁護士の影がちらつく。

一方、松田の身柄を押さえられる状況だった町田警察署の捜査は、そこから迷走を極める。その原因は捜査陣のやる気のなさもあるだろうが、それよりむしろ、まったく見当違いな筋立てをしたせいだといえる。あろうことか、町田署では被害者の津波を共犯に見立ててしまうのである。

津波は世田谷の元NTT寮の購入のため、取引先のY銀行からその分の融資を受けた。それについて町田署では、津波が地面師たちと共謀し、銀行から融資を騙し取ろうとしたのではないか、と疑ったというのである。

「私は融資に関して個人の連帯保証をしているんですよ。つまり会社が返済できなければ代わって私個人が銀行に払わなければならないのに、なぜそんなことをする必要性があるのか。あまりに間違いがひどいのです」

津波がこう憤る。

「当初、私は町田署に取引の資料や私の仕事のノートを提出し、捜査を担当した係長がそれをコピーしていました。そこには、この件だけでなく、私の海外の仕事の計画やそれにまつわる資金需要のことも書いていました。それを見た係長が、銀行から融資金を騙し取り、海外に持ち出そうとしたのではないか、と疑ったのです。『ひょっとしたら、ベトナムにカネを運ぶつもりだったんじゃないか』と。係長がそんな明後日な方向の話をしていました」

まるっきりの妄想というほかないが、それが前述した「みなで松田を責め立てたのはまずかったな」という係長の発言につながるらしい。取り調べの中で、松田にありもしない話を吹きこまれた町田署の係長は、津波の共犯説を信じ込んだ。つまり町田署は、「津波が人身御供として松田を警察に差し出したが、当人を苛《いじ》めすぎたので津波が共犯だと漏らした」と見立てていたのだという。となれば被害者は銀行ということになり詐欺という事実は動かないはずだが、そこにも関心を示さない。

あまりに荒唐無稽な話である。だが、事実、いっとき地面師仲間のあいだでは「津波共犯説」が流れた。それは彼らがよく行う捜査の攪乱のための情報操作でもある。そこに当局がまんまと乗せられた結果、捜査は遅々として進まなかった。

事件の直後、主犯格の北田がみずから町田署に出頭したことは前に書いた。そのときにも「津波共犯説」を唱え、似たような話をしてきたとも伝えられる。津波の怒りはおさまらない。

「あのときは本当に悔しくて、警察署の玄関先で焼身自殺をしてやろうと思ったのは本当です。そのくらい絶望的になりました。実際、自殺を会社の弁護士の先生に相談したほどです」

津波にとっての救世主が、その顧問弁護士だった。

裏の裏を読んだ警察

焼身自殺まで考え、それを伝えた被害者津波幸次郎の相談相手が、顧問弁護士の大鶴基成《もとなり》（六一）だった。その大鶴に会った。

「当時の手帳で確認すると、津波社長が僕のところに来たのは、二〇一五年六月一日の月曜日でした。『警察がぜんぜん信用してくれない』という相談で、まさに切羽詰まった様子でした。これはいかんと思い、翌日に社長といっしょに町田署に出向いたんです。で、刑事課長をはじめ五～六人の刑事さんと狭い部屋で会いました。僕が『小さな会社で五億円も騙し取られて大変なので、早く捜査をしてください』と願い出ると、驚いたことに課長は社長の前で、『誰が被害者か分かりませんからねっ』と妙な言い方をするのです。さすがにムッとしましたね」

元検事の大鶴は、一九九〇年代に東京地検特捜部でゼネコン汚職や第一勧銀総会屋事件を手掛けてきた。〇五年に特捜部長に就任し、最高検検事時代には二〇一〇年の陸山会事件の捜査にも関わった。一一年八月に退官し、弁護士に転身した。大物ヤメ検弁護士である。津波の会社の顧問弁護士として登場したその大鶴を前に、警察は極めて不遜な態度をとったというのだが、半面、当の大鶴自身は警察の真意を冷静に分析する。

「つまり警察は裏の裏を読んだんですね。不動産のプロが、なぜこんなにコロッと騙されるのか、変じゃない？　ってところでしょうか。それに加え、取引現場には司法書士もいましたから、ひょっとしたらこれは、津波社長が松田たちと組んで、銀行から五億円を騙し取った共犯ではないか、と考えたみたいなんです」

そう説明しながら、大鶴は事件発生当初の捜査当局の姿勢に対してこう憤った。

「そこで僕は言いました。『仮に僕が町田署の刑事課長だとして五人の捜査員を専従で当たらせてもらえたら、一週間で彼らを逮捕するよ』ってね。もちろんそう簡単に完全な裏付け捜査はできない。たとえば、通信のキャリア業者からメールを押さえ、連絡網を解明するなどという捜査はすぐには間に合いません。しかし、少なくとも詐欺や業務上横領の容疑で身柄を押さえることはできるし、そうしなければならない。僕は警察にそれを言ったんです。すると、彼らは『先生、そんなこと気楽に言うけど、検事が釈放するんですよ』と反論するのです。それは、わからなくはありません。今の検察の体質からすると、逮捕しても釈放しかねないですからね」

世田谷の元NTT寮を巡る詐欺事件において、地面師の北田や松田たちは、「津波が支払った代金の五億円の振込先を間違えただけだ」と嘯いてきた。が、とどのつまりネコババされた事実は動かない。したがって横領容疑で摘発すればいいだけの話である。こうした詐欺事件の場合、まず犯人の身柄を押さえ、詐取された金を取り戻すことが先決だからだ。

そのため顧問弁護士の大鶴は、町田警察署を管轄する東京地検立川支部の検事とも掛け合った。話に熱がこもる。

「こんなものは単純な詐欺なんです。被害のあった翌日に津波社長が、松田の携帯電話を町田署に持って行って『ここに詐欺の片鱗になるようなことがたくさん出てます。写真や画像も見てください』とも説明したんです。ところが担当の検事に会うと、詐欺の犯意がどうのこうのとおっしゃっていました。しかしそれはおかしい。仮に一万歩譲って、向こうに騙す犯意がないというなら、それはそれでいい。それなら業務上横領でやればいい。だから『業務上横領容疑で犯人を捕まえればいいじゃないか。罪名が詐欺だろうが業務上横領だろうが、量刑にはほとんど変わりはないですよ』とも言いました。そう言い返したら、検事は頷いた。それでも事件は動かなかったのです。担当検事が代わるまでね」

埒が明かないとみた大鶴は、警視庁本庁にも掛け合ったというが、これほどの大物ヤメ検が動いてなお、捜査当局は逡巡し、しばらくは捜査が進まなかった。こう言葉を継ぐ。

「そこで松田が釈放された翌週には、僕が松田から二回ヒアリングをし、物件の所有者のところや向こう側の司法書士からも話を聞いた。犯人グループにとっては、その司法書士のヒアリングがこたえたんだろうと思うけど、そうして独自にこちらで調べていくと、北田が自ら町田署に出頭したんです。ところが、そこでも警察は北田の弁解を聞いただけで、そのまま帰してしまったんです」

ここに登場する司法書士が、アパホテルの地面師詐欺でも逮捕された亀野裕之だ。大鶴はこうも言った。

「この過程で、津波社長や会社の社員の人たちは、まるで警察のように一生懸命調べてくれました。他の事件でも出てくる地面師の北田の人定をしたのも、警察ではなくわれわれです。連中の姓名や会社をネットで調べ、別の警察署に告訴が出ているとわかった。それを手繰り寄せていってね。告訴人の弁護士に僕が電話で頼み込んで三件くらい告訴状を取り寄せた。ただどの事件も告訴が不受理になっていて、警察はぜんぜん相手にしてくれない、と嘆いていました。そこに、くだんの司法書士も出てきたのだと思います。だから、事件の根っこは、そのあたり。彼らを早く捕まえ、刑務所にぶち込んでいたら、おそらく彼らが引き起こしている事件の被害は、現在の一〇分の一くらいで済んでいたと思います。それを長い間、グズグズしているから、津波社長のような新たな被害が出てしまうんです」

逮捕状が出た内田マイク

警視庁管内で地面師詐欺が横行しているとはいえ、犯行を組み立てることのできるような頭の切れる地面師は、さほど多いわけではない。むしろ同じ犯人がいくつもの事件にかかわっているケースがほとんどだ。だからこそ、一つの事件を迅速に捜査すれば、被害は最小限に抑えられる。逆に事件を放置すれば、被害が広がるのである。

「亀野が動いた事件でいえば、武蔵野警察署に届けられた高円寺の土地取引もあり、売り主さんが亀野を信用して全部の書類を預けちゃった。手付金として三〇〇〇万円払い込まれ、残金がまだなのに、亀野やその仲間が転売してしまった。それで彼らは武蔵野警察署に訴えられたけど、いざ訴えられると、返済する意思があると言いだし、それも事件にならなかった。僕のときも彼らは一〇〇〇万円返すと言っていた。似たような構図なんです」

五億円詐欺事件の被害者である津波はそう悔しがる。

「事件から数ヵ月、僕は必死で犯人を追いかけました。振込先となった大阪のセキュファンドには三回も出向き、留守番を名乗る人物にも会った。言ってみればその人間も一味でしょう。留守番から免許証も見せてもらい、姓名も確認した。それでも警察は動かない。本当に絶望的でした。毎夜一二時頃まで、銀行から借りた五億円の穴をどうやって埋め、銀行に返せばいいか、考えあぐねました。会社で所有していた物件を片っ端から売って、生命保険や土地などをすべて担保に入れ、別会社で借り入れて返しましたけど……」

事件発生以来、二年半、文字どおり不眠不休で資金繰りに駆けずり回り、凌いできたのだという。

世田谷の事件では、幸いにも一六年春、東京地検立川支部に特捜部で鳴らした経験のある検事が赴任した。さすがに特捜検事だけあって、事件の筋読みができる。また元特捜部長の大鶴にとっての後輩にあたるので、話を通しやすかったのかもしれない。そこから捜査が動き始めた。さらに一年半を経て、一七年十二月の逮捕にこぎ着けたのは、これまで書いてきた通りだ。だが、事件捜査は全容を解明したというにはほど遠い。

事件には、大物地面師の内田マイクやその仲間、司法書士の亀野や振込先となったセキュファンドなど、一〇人前後の犯行グループが見え隠れしてきた。にもかかわらず、逮捕されたのは四人だけであり、そのうち起訴されたのは北田と松田だけなのである。

その他、明らかに一味だと思われる者については、たとえば口座を貸しただけだとか、自分自身も騙されたとか、あるいは他の事件で逮捕されているから、という理由でお咎めなしになっている。

北田とともに地面師グループのボスとされる内田は、この世田谷の五億円詐取事件でも黒幕の一人と目されてきた。奇しくも事件の本格捜査が始まった一七年十二月、浜田山の駐車場所有者のなりすまし事件における最高裁への上告が棄却され、内田に対する懲役六年の刑が確定する。東京高検への出頭命令が出たとたん、本人はそこから行方をくらまし、逃走した。それはまさに世田谷事件における摘発を恐れたからにほかならない。

警視庁は、遅ればせながら津波の世田谷五億円詐取事件で内田の逮捕状を裁判所に請求した。行方をくらましてきた内田は観念し、一八年に入って出頭した。が、それも計算ずくだったのかもしれない。世田谷事件については、あくまで北田が考えたことだと言い張り、自らの関与についてはいっさい口をつぐんだ。

逮捕された内田は、そのあげくまたしても検察が不起訴処分にしてしまう。警視庁にしてみたら、これだけ多くの地面師事件を首謀してきながら、内田を罪に問えたのは浜田山の駐車場事件の懲役六年だけということになる。このままでは数年後にまたカムバックする。

そうして警視庁は積水ハウス事件における内田の関与を洗い出そうと躍起になる。

第七章

荒れはてた「五〇〇坪邸宅」のニセ老人

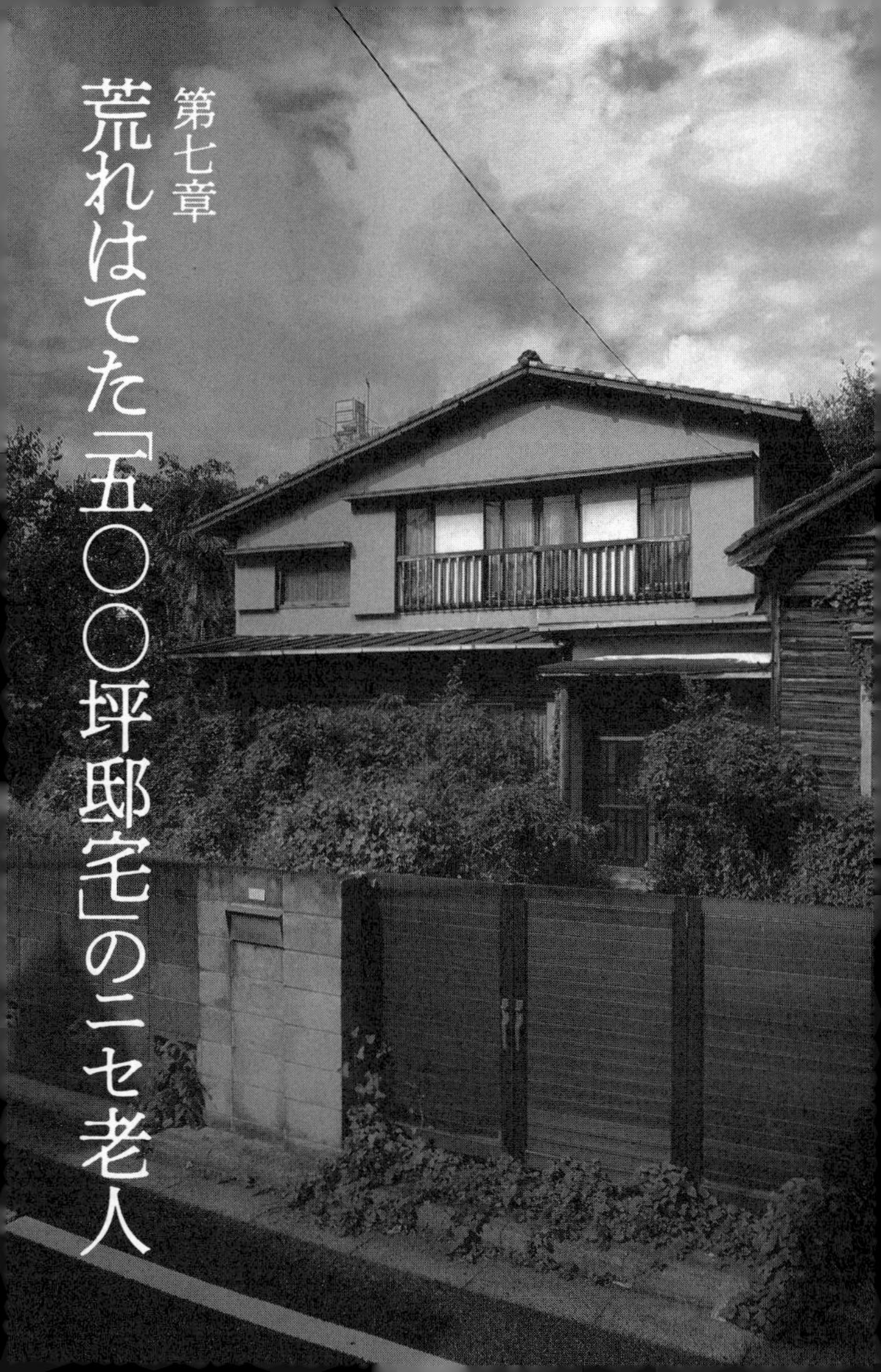

閑静な住宅街に突如現れる、樹木が伸び放題でジャングルのようになった庭

二課のリベンジ捜査

本書の冒頭に書いたとおり、二〇一六年十一月末、警視庁捜査二課は売り出し中の地面師、喜田泰壽をリーダーとする地面師四人組を逮捕した。しかし、勾留期限の晦日《みそか》を迎えて起訴を断念せざるをえず、地団太を踏んだ。

「別件を探せ、必ずあるはずだ」

捜査二課長の檄が飛んだ。その言葉どおり、年が明けると、喜田に狙いを定めて捜査を続けた。その捜査の結実が、港区南麻布の不動産詐欺事件だ。

喜田は一三年一月に死亡した地主のなりすましを仕立て、一年後の一四年二月、南麻布の土地およそ一〇〇坪とマンションを神奈川県綾瀬市の会社社長に二億四〇〇〇万円で売り払っていた。なりすまし役がパートナーの中村美佐江だ。喜田たちは再び逮捕された。

「喜田は住民票を偽造して中村に持たせ、弁護士を付き添わせて売買契約に臨んだようです。その詳細を中村から聞き出し、喜田の逮捕にこぎ着けたのでしょう。今度は逃がさない、という二課の執念が実った事件ではないでしょうか」（警視庁捜査幹部）

立ち会った弁護士の責任も追及されたが、すでに一六年十二月には死亡しており、刑事事件としての立件は見送られた。

偽造ではないニセ印鑑証明

複雑怪奇な地面師詐欺の捜査は、概して難航を極める。捜査が成就した地面師詐欺のほうがむしろめずらしい。これまで見てきた港区新橋駅前、渋谷区富ヶ谷、世田谷区中町などの事件も、たしかに警視庁は捜査に着手している。だが、思うように進まず、犯行グループの摘発に手間どってきた。

たとえば中野区弥生町の事件もそうだ。地下鉄丸ノ内線中野新橋駅から五分ほど歩くと、その大地主の家がある。現地に行くと、広い敷地に、古ぼけたぼろぼろの民家が鎮座している。敷地面積一七〇九・三平米（五一七坪）、建物は一九六七年八月に改築された木造瓦葺二階建てで、延べ床面積は一三八九・九平米もある。だが、立派な門の奥に広がる庭の樹木は伸び放題で、まるで荒れ寺のような風情なのだ。

近所の人に聞くと、家主の春山信夫（取材当時六八歳＝仮名）は、ここら一帯の地主の息子として生まれ育ったという。たしかにこの周囲を歩くと、同じ姓の表札が多い。おそらく親戚なのだろう。が、その春山姓の何軒かの家を訪ねても、「うちとは付き合いがないのでよくわからない」という返答ばかりだった。

当の信夫は結婚したあと一九七九年八月、この五一七坪とその敷地に建つ屋敷などの不動産を相続した。現在はインターフォンも鳴らない。家の中を覗くと、古新聞がうずたかく積まれ、住んでいるような気配もない。隣近所の住人たちは時折、当人の姿を見かけるとも言うが、まさしく地面師たちに狙われそうな物件に思えた。

事件の発生は、二〇一六年春のことだった。他の地面師詐欺と同じように、春山自身の知らないあいだに、土地・建物が千葉県の建設会社に売却されたことになっている。だが、単なるなりすましの地面師詐欺ともやや様相が異なるように感じた。劇場型詐欺とでもいえばいいのだろうか。事件はよりいっそう複雑な経過をたどっていた。くだんの土地取引にタッチした経営コンサルタントが、その内幕の一端を明かしてくれた。

「もともとこの物件は、都内の地上げ屋が目をつけていて、春山のところへはその手合いが頻繁に出入りしていました。春山老人には子供がなく夫婦二人で住んでいたが、奥さんが病気で施設に入り、本人はフィリピンパブに入り浸りになってしまったらしい。それで、あの家にはほとんど寄り付かなくなった。たまにしか帰ってこないので、家も庭もあのように荒れてしまったのです」

地面師にとっては、そこが付け目だ。関係者の証言をもとに再現すると、事件は、印鑑登録証の偽造という通常の地面師詐欺のパターンから始まったようである。

「実印を失くしてしまったので、新しい印鑑を登録したいのですが」

一六年三月二十八日、春山を名乗る七〇がらみの老人が中野区役所を訪れ、窓口でこう切り出した。

「身分を証明するものはお持ちですか」

そう問われることまで計算済みだ。老人は窓口の言葉を待っていたかのようにポケットから運転免許証を差し出した。

実は春山は運転資格を取得したことがない。すぐにばれるような粗末な偽造免許だ。が、区役所の窓口は疑わない。免許証のコピーをとり、すんなり印鑑登録廃止の申請を受け付けた。あとは新しい三文判で印鑑登録をすればいいだけだ。それは、もとより本物の春山が申請したものではない。しかし偽造印刷した書類でもない。

ニセの春山は新たな印鑑登録の証明書を手に、公証役場に向かった。そこではなりすましと疑われる要素はない。こうして本人確認の証明を取得したのである。

そこから先の地面師一味の動きは素早い。中野区役所や公証役場で手続きをしてからおよそ一週間後の四月五日、買い手として見つけてきた千葉県の建設会社との間で売買を成立させた。相続税評価では建物の価値は一四〇万円と二束三文だが、土地と合わせた売却額は優に四億円を超えた。

ここまでは、いわばよくある地面師事件である。だが、ここから事件は、さらにもうひと転がりする。

二重のなりすまし

いつの間にか自分の不動産の名義が変わっている――。本物の春山がそう気づいたのは、土地建物の移転登記から三週間ほど経った後の四月末だった。

「春山さん、今日はおられますか」

それまで何度か自宅を訪ねてきたことのある不動産ブローカーが、やって来た。春山はたまたま自宅に戻ってきたところだったという。

「驚きました。春山さん、ここを手放したのですか」

そう聞かされた春山にはもとよりそんな覚えがない。

「ほら、所有権が移転していますけど」

登記簿を見せられ、事実を知らされたという。春山はすぐさま懇意にしていた住友不動産の営業マンに調査してもらった。すると、地面師詐欺が判明した。

このときすぐに警察が動けばよかったのかもしれない。だが、少なくとも登記書面上はそのままだった。すると地面師たちは、予想外の動きを見せた。

「物件の新たな所有者となった千葉県の建設業者が転売したがっている」

不動産ブローカーの間でそんな新たな売買話が持ちあがった。それは意図的な情報操作だったのかもしれない。

「その取引の仲介に乗り出して騙されたのが、ほかでもない、私なのです」

先の経営コンサルタントが、こんな驚くべき話をする。ここからもう一つの地面師詐欺が発生したという。

「すでに物件の所有権が移っているため、私の交渉相手は千葉県の建設会社でした。で、千葉ではなく会社が借りているという虎ノ門の貸し会議室で社長と会ったのです。名刺交換をして、それからです」

コンサルタントが記憶をたどってこう悔しがる。

「くだんの建設会社の社長によれば、前の所有者の春山が、まだ立ち退いていないという話でした。それで、現地の中野の家に確認に行きました。そうして春山の家を訪ねたら、門が閉まっている。朝の一〇時前でした」

コンサルタントは、この日の午前一一時に建設会社側と打ち合わせする予定だった。その前に物件を下見しようとしたのだとこう話した。

「で、留守かな、と思っていると、タイミングよく向こうから、建設会社側の関係者が歩いてきたのです。『おや社長、こんな時間にどうしたの？　私もたまたま確認に来たんですよ』と私に話しかけてきました。それで、立ち話もなんだから、と言われ、近くの『ココス』（ファミレス）へ行ってお茶を飲んだんです」

コンサルタントは、春山の家の前で建設会社側の人間とばったり出くわしたのだという。こう続けた。

「私たちは取引に使う納税確認書なんかの書類を整えなければなりません。その件を伝え、ココスで建設会社の人と別れ、再び春山の家の前に戻りました。すると、草が伸び放題になっている庭の奥のほうから、一人の老人が道路に面したこちら側の門へ歩いてやって来るではないですか。家の玄関から門まではおよそ一〇メートル、その玄関の右隣にも五メートルくらいの庭が続いていて、草木の茂ったよく見えないようなところからその老人が現れ、こちらへ向かって来たんです」

言うまでもなく、この老人がニセ春山である。コンサルタントの声が次第に大きく、早口になってくる。

「すると、そのニセ春山は家の隣で建物の工事をしている現場の職人と話しだしたんです。『おはよう』みたいな感じで声をかけていて、まるで顔馴染みのように見えました。まさか、それが演技だなんて、こちらも思わないでしょっ」

工事現場の職人までが偽者ではないだろうが、単純に挨拶されたので言葉を交わしただけかもしれない。だが、コンサルタントは、そのやり取りや光景を見てニセ春山を元の地主だと信じ込んでしまった。そのまま取引に応じた。こうも話した。

「驚いたことに実はニセモノはニセ春山だけではありませんでした。春山から土地建物を買ったと信じ込んでいた建設会社社長までが真っ赤なニセモノだったのです」

つまるところ、地主の春山と買主の建設会社社長を騙《かた》った二重のなりすまし詐欺だという。それが、わずかの期間に立て続けに発生しているそうなのである。

第一のなりすまし事件では、建設会社が四億円あまりの被害に遭っているが、二回目はまだ所有権の移転登記はなされていない。どのくらいの被害になるのか。そう尋ねると、コンサルタントがこう臍を嚙む。

「あそこの土地には借地権もあるので、六億円以上の価値になるでしょう。まあ、うちの場合は金の流れが途中で止まっているから被害はその一部で、二億三〇〇〇万ぐらい消えています。虎ノ門の貸し会議室で会ったニセ社長に対しては、うちの司法書士の先生がパスポートで本人確認までしましたので、現在は司法書士保険で処理しようと話し合っている最中です。ただ、二回目の詐欺は加害者がいまだ誰なのかわからない。だから訴訟もできてない」

地主の春山は一六年五月二十日、東京地裁に「所有権移転禁止」の仮処分を申し立て、丸の内警察署にも被害相談をしている。二度目のなりすまし詐欺の被害者となったコンサルタントは、今になってこう首を捻る。

「よくよく登記簿謄本を見ると、本物の春山自身も怪しい。不思議な相続税の支払い方をしているのです。土地を担保にして銀行からいくらでも借りられるし、一度に納税すればいいのに、少しずつ小分けに払ったせいで、税務署から差し押さえを食らっています。フィリピンパブにはまりすぎたのかどうか知らんけど、相当金に困っている感じなんです。そこに付け込まれたのか、それとも知っていたのかも」

　肝心の地面師グループの手掛かりはつかめていないのか。

「どうやら実行犯は、埼玉グループのようですが、そこに（工作のための）金を出してやらせた連中もいるみたい。やつらは横のネットワークがあるから、どこでどうつながっているかわからん」

この中野弥生町の事件の話をしてくれたコンサルタントの素性を明かすと、土井淑雄グループの中心人物である。繰り返すまでもなく土井は積水ハウス事件で預金小切手の現金化を担った。その土井グループがこの件にかかわっていたのである。二重のなりすましという奇抜な話は、地面師の言い逃れなのだろうか。真相は捜査結果を待つほかない。

電通ワークス事件との共通人脈

二〇一〇年代はじめ、電通の子会社「電通ワークス」が手掛けた発光ダイオード（LED）照明事業における詐欺事件が話題になったことがある。もとはビル管理や人材派遣業を営んできた電通ワークスが節電ブームに着眼し、蛍光灯に代わり一本あたり一万円以上するLED電球を取り付ける事業を展開した。家庭用の電球ではなく、もっぱら大手ドラッグストアや著名な自動車部品量販店、都心の人気劇場などの大口取引を狙ったとされる。

もっとも電通の子会社にLED照明を売り込む営業ノウハウや製造技術があるわけではない。そこで、営業やLED製造元とのあいだをとりもつ代理店が介在した。電通側が代理店に巨額な製造コストを前払いし、LED事業を次々と受注していったとされる。

が、実はそんな代理店を通じたLED事業の大半が、売り上げを大きく見せかけるための架空取引だった。さらに架空受注を隠蔽するため、発注や受注を繰り返す循環取引に手を染めていたことが判明する。

結果、代理店による詐欺疑惑が浮上した。詐欺に問われたその契約額は実に一二〇億円にのぼり、うち五六億円の前渡し金が消えたとされる。積水ハウスの地面師被害、五五億円に匹敵する大事件だ。

そうして警視庁は一四年以降、詐欺容疑で一四人を逮捕する。その主犯格と見られた代理店の幹部の一人が、二〇〇〇年前後に地面師の親玉として「新宿グループ」を率いた津田悦資《えつじ》（逮捕当時六三）であり、もう一人が「総武線グループ」の高橋利久（同五六）だったのである。一斉摘発された地面師たちが、電通の子会社を相手に復活した、と評判になったものだ。その電通ワークス事件で彼らは、一六年三月以降、東京地裁でおこなわれた一連の一審判決に続き、一七年十一月の高裁判決においても無罪となる。なかでも高裁判決では循環取引を認めていながら、詐欺にはあたらないという。いかにも玉虫色の判決と言わざるをえなかった。

かつて大物と呼ばれた地面師たちのなかには、不動産詐欺から手を引いた者もいる。地面師業界においても、いわば多少の代替わりがあるようだが、そのネットワークはまだまだ健在だといえる。

電通ワークス事件が起きた〇七年から一二年と同じ時期にあたる〇九年、世田谷区成城にある一〇〇坪超の住宅地で地面師事件が起きた。新橋を根城にする不動産ブローカーグループが八五歳の地主になりすまし、土地を担保に一億二〇〇〇万円の小切手を詐取したという事件だ。警視庁捜査二課が逮捕した顔ぶれが、野口勝男や滝沢雅弘のほか、八重森和夫、染谷《そめや》俊之、笹井文男、渡辺克己、石井充孝、番野秀雄の八人だった。

「自分が地面師たちと初めて知り合ったのは、この成城の事件の頃でした。自分は、〇六年くらいから父親の土地を使って金をつくろうとしていて、不動産関係の知人に声をかけていました。一年ぐらい経つと、業界ではその話がかなり広がっていました。自分の案件を持ち回っているブローカーがいましてね。『親父の土地で金策したがっているポン中の息子がいるけど、いい知恵はないか』と逆に自分に話を持ち込んでくるわけです。山手線を一周し、話がもとの自分のところに戻ってくるようなもんでしょうか。そんなとき染谷と八重森が、『俺たちに任せてくれないか』とやって来たのです」

そう笑いながら語る首都圏在住の資産家の息子、逗子与志之（仮名）に出会った。逗子は自身のことを自分と呼んだ。裕福な家庭に育ったが、若くして道を外し、いったん暴力団組織に身を置いたという。「ポン中」とは覚醒剤などの薬物中毒者のことを指すが、当人は薬物中毒などではないという。組から抜けると、闇金融業などで荒稼ぎし、それなりの暮らしをしてきたそうだ。

その逗子に近づいて来たのが、成城の事件で逮捕された八人組で、最初に会ったのが八重森と染谷だ。そのあと逗子は残る六人にも会ったという。逗子が地面師それぞれの人相や風体を思い浮かべながら、話してくれた。

「地面師たちは寄せ集めの集団なので、一人一人、性格も違うし、見た目も違う。生活もバラバラみたいです。たとえば高齢の八重森は見てくれもパッとせず、絶えず金がなくてピーピーしている。染谷は逆に金遣いが荒くて派手なタイプかな。酒好きで飲み屋の女の子には金払いがいい。けど、だから手元にいつも金がなくて、借金まみれじゃないかな」

成城の地面師詐欺グループでいえば、警察は野口と滝沢という二人を主犯格と見てきた。彼らについてはこう話した。

「二人は身なりがきちんとしていて、スーツを着ているサラリーマン風。カネもそれなりに持っていて、野口なんかは他のメンバーに金を貸している。ブランド好きで、高級腕時計を見せびらかしています。滝沢は事件の前さばきの調達をする役割をしているようで、書類を偽造する〝道具屋〟に渡す一〇〇万円をポンと出したのも彼。なんでも外資系の会社に勤めていたとかで、本当にエリートサラリーマンの雰囲気でした。染谷みたいに遊びで金を使うタイプじゃないから、頼られているんじゃないかな」

弁護士事務所の開設費用として

現代の地面師集団は、まるで江戸時代の盗賊のオツトメのように機略縦横、変幻自在に策を巡らす。地面師集団の後ろには、常に内田クラスの大物詐欺師が控え、犯行を指揮しているケースが少なくない。

ときに彼らは本物の地主に協力を仰ぎ、ときに地主の親族を一味に引き入れて犯行を企てる。地主の親族といっしょに動けば、被害者と加害者の境があいまいになるからだという。逗子の場合は、正真正銘の地主の息子だ。自らタッチしたというその地面師事件について、当の本人が次のように告白した。

「自分はこれまでいろいろやってきましたけど、あの当時は競馬の予想会社がずいぶん流行っていましてね。友人がやっていて、月曜日になると、外れた、当たった、で客とのあいだでトラブルになることがしょっちゅうでした。当たり馬券の予想料金をめぐる訴訟も多く、いつしか自分がそのトラブルの相談に乗るようになった。弁護士を仲裁に立てて和解するのですが、実際は弁護士の名前を借りるだけでした。それでこの際、弁護士事務所を経営すれば儲かるのではないか、と思いついたのです」

ややや話がそれるが、ひと頃流行した競馬の予想会社は、事実上、詐欺のようなところも少なくなかった。

「詐欺会社の多くは、マンションの一部屋を事務所にし、そこで予想サイトをいくつも立ち上げていました。それぞれのサイトを会員制にし、『あなただけに特別な予想情報を提供します』と八百長話などを匂わせて穴馬券を薦める。一レースあたり五万円の馬券を購入し、万馬券なら五〇〇万円、二万馬券なら一〇〇〇万円になって戻ってくる、と唆《そその》かし、その『特別な情報』を五〇万、一〇〇万で提供するという営業トークで騙すのです。一度、当たっていい目を見た客は、何度も引っかかります」

逗子はこんな話をした。

「その顧客リストをもとに営業をかけ、はめていく。自分が知っている最高額の被害者は、一人で一九社のサイトに引っかかり、支払った特別な予想料金が六〇〇〇万円というケースがありました。予想サイトの法人代表はホームレスなどを仕立てているけど、裏にはオーナーがいて、カモの客をたらい回しにしてきた。さすがに当局がうるさくなったので、今はそれほど酷いケースはなく、下火になっていますけど、あの頃はピークでしたから、ぼろ儲けしていましたね」

そこまでの詐欺行為でなくとも、ノミ行為など違法取引も日常茶飯事なので、金銭トラブルが絶えない。逗子は闇金融業者として鳴らしてきただけに、そうした金銭トラブルの解決には、下手な弁護士より手慣れている。したがって逗子やその配下の人間がトラブルの交渉にあたる。むろん厳密には非弁活動であり、弁護士法違反だが、相手を丸め込むために弁護士の肩書を借りるのである。

「そのため、弁護士事務所を設立しようとしたのです。もちろん自分は弁護士ではないので、あくまで立場は事務員です。和解交渉は弁護士名でなければなりませんので、競馬の予想会社と組んで、オーナーとして弁護士事務所を経営しようとしたわけです」

逗子がそう続けた。新たな弁護士事務所の開設費用として、一〇〇〇万円ほどが必要だったという。

「その資金づくりのために親父の土地を使わせてもらおうとしたのです。それでいい方法はないか、と相談しているうちに、妙な連中が言い寄ってきた。一〇〇〇万円の何倍も金をつくるから、いっしょにやろうじゃないか、とね。その一人が八重森や染谷だったのです。〇七年三月にことを実行しましたから、準備はその半年くらい前からですね」

染谷はホテルマンから地面師の世界に身を落とした口で、ちょうどこの頃、後ろ盾になってきた暴力団組織と揉め、ファミリーレストランで掌をナイフで突き刺されて警察沙汰になっていた。また八重森は、これまで何度も書いてきた内田マイクとともに杉並区浜田山の駐車場事件で逮捕された大物地面師の一人だ。内田と並ぶ主犯格と見られたが、公判では内田と仲間割れし、互いに相手のせいにしてきた。逗子が出会った当時の八重森は、もっぱら御徒町を根城にするオレオレ詐欺組織を資金源にしていると評判が立っていた。

「それで自分も一度は八重森の指示に従って動こうとしました。ですけど、実際に会ってみると八重森は大物という前評判と違い、けっこう乱暴な計画を立てる。どんな相手でもいいので、手っ取り早く土地を売り飛ばせばいいと言う。人脈があるわけでもないのに、あの一〇〇円ショップのダイソー相手に話を持ち込もうとしたり、どうも仕事が三流なんで迷っていました。で、そんな話には乗れないと蹴とばしているうち、染谷があの福岡勇次を連れて来たのです。そこから話が進みました」

福岡勇次もまた、企業犯罪や地面師の世界では知られた存在だ。現在は第一線から退いているともいわれるが、相変わらずアンダーグラウンドの世界ではしばしばその名前がちらつく。が、一方で当人の関与ははっきりしない。逗子がつぶやいた。

「自分の件の組み立ては、福岡なのでしょうね。彼らの話では、親父の土地で三〇〇〇万円をつくり、自分の取り分は一〇〇〇万円とのことでした。あとはどこに消えたのか、それははっきりしません」

〝引き込み〟役の親族

当初、言い寄ってきた八重森たちの発想は単なる土地の転売詐欺だったと先に書いたが、福岡が登場して以降、やや方針が変わったのだという。くだんの父親の土地を担保に企業から借り入れを起こそうというものだ。

それは実際に事件になった世田谷区成城の土地を使う融資金詐欺に近い手口だといえる。成城の事件では、八重森たちが地主のなりすまし役を仕立て、振り出した小切手をもとに銀行から借り入れた金を騙し取るという手法だった。土地は債権者の担保となり、借金を返済できなければ所有権が移ってしまうが、すぐに売り払われるわけではない。したがって地主の息子としても、罪の意識が薄まる。

地面師たちにとっては、なにより親族が一味に加われば、犯行を組み立てやすい。資産家の息子は、盗賊一味の〝引き込み〟役のような重要な役割を担うわけだ。逗子が現実のやり口を明かした。

「（彼らの指示どおり）まずは、自分が役所に行って自分の印鑑登録を申請し、それを八重森たちに手渡しました。印鑑証明はホログラムや透かしなどが入った特別な用紙に印刷されているので、本当は偽造が難しい。だが、自分の印鑑証明は本物の原紙であり、住所と姓までが父親と同じだから、そこの名前と生年月日、実印を書き換えればいい。それも偽造には違いないけど、彼らは高度な印刷技術を持った〝道具屋〟を仲間に抱えているので、朝飯前なのでしょう。染谷がその道具屋と連絡を取り合い、日本橋蛎殻町《かきがらちょう》にあるガソリンスタンドの交差点で待ち合わせました。自分一人で行かされました。印鑑証明を指定されたその道具屋に路上で渡しました。神田のあのあたりに偽造専門の印刷屋があるんでしょうね」

実家にある父親の実印を持ち出せば、なりすまし役が役所で本物の印鑑証明を申請できる。ただし、父親にばれるリスクもあるのでそれは避けたようだ。偽造の印刷代金は三枚で一〇〇万円。逗子は、うち印刷屋の取り分が半分だと聞かされたという。

「残りの五〇万円は、おそらく道具屋を手配した染谷が懐に入れているんじゃないでしょうか。染谷もカネに困っていましたから」

資産家の息子ながら裏社会を歩いてきた逗子は、以前に闇金をしていた関係で、多重債務者の顧客や知り合いが多い。その人脈を使い、この件ではなりすまし役まで手配したという。七〇歳代の父親と同じ年齢の債務者をなりすましに仕立て、みずから公証役場に連れて行ったそうだ。

「息子の自分が（なりすまし役の）父親を公証役場に連れて行くのだから、それは向こうも信じるでしょうね。保険証は偽造していましたけど、戸籍謄本なんかは自分がとったものですから本物です。それらの書類を使って本人確認の作業をやるわけですからね。そうして八重森たちから知り合いの企業を紹介され、そこから数千万円借りました。その借り入れのうち、約束どおり一〇〇〇万円が自分の手元に来ました。残りが彼らの取り分でした」

逗子が手口の詳細を明かした。

「あくまで借金ですから、計画ではそれを返し、何ごともなかったかのように土地の所有権を元に戻すはずでした。彼らが言うには、三ヵ月後に別の仕事で金が入るので、利子をつけて企業に返済するという計画だった。そうでなければ、父親が気づいた時点で、刑事事件化してしまう。そう聞かされていたので、自分も安心していたのです」

数千万円を融通してくれた会社は地面師グループ側が探してきたところだったとい

うから、何らかのつながりがあったのかもしれない。実際、地面師たちは三ヵ月後、資金を融通した相手の企業に一〇〇〇万円ほど返済したという。だが、その後の返済はなかった。

「取引は、土地に抵当権を設定するのではなく、買い戻し条件付きの融資で、資金を出した会社にいったん名義を移すという形をとっていました。カネを出したのは中堅のマンションデベロッパーで、返済後、土地の所有をもとの父親名義に戻すというやり方です。その借金返済が滞ってしまったのだから、名義は父親からデベロッパーに変わったまま。おまけにその後、所有権がそのデベロッパーからさらに別の会社に移ったりしていた。今になって振り返ると、いかにも危うかった」

逗子がそう分析する。当初の計画では、三ヵ月間で八重森たち地面師グループが返済することになっていたので、所有権はもとに戻り、両親も気づかないはずだった。三ヵ月というのは、印鑑証明や戸籍などの書類の有効期限に合わせたものだ。ところが、四ヵ月が経っても残りの返済はない。登記簿上、土地は単にマンションデベロッパーに売り払われ、そこから転売されたのと同じだ。となれば、金を融通してくれたマンションデベロッパーが被害者だ。そうしてことが発覚した。

「実は、この件に一枚嚙もうとした女の地面師が別にいて、取り分がもらえなかったんです。それを逆恨みし、自分の父親のところに『あなたの土地が勝手に売られていますよ』と電話をかけてきたんです。それで、驚いた両親が確認すると、本当に土地の所有名義が変わっているではないですか。それで警察沙汰になったわけです」

土地の名義変更を知った逗子の実母が、警察に訴え出たという。そして当の息子である逗子自身も一度は逮捕された。警察が捜査を進めていくと、資金を出したマンションデベロッパーと地面師たちの接点も浮かんだ。ところが、事件はすんなりとはいかなかった。逗子が改めて告白する。

「警察は、被害者のはずのマンションデベロッパーが、なかばからくりを承知の上で金を振り込んだのではないか、と疑い始めたのです。本当なら土地は一億円近くする。マンション業者はそれよりずいぶん安い半値以下の数千万円で手に入れていることになる。つまり、業者もグルで息子に頼んでスキームを組んだのではないか。警察はそう考えたのです。おまけに、そのマンションデベロッパーには、広域暴力団とのつながりまであって、調べると、他の地面師事件でも何度か被害者になっている。こうなると、みなが共犯に見えなくもありません」

たしかに登場する関係者たちが、そろって胡散臭い。加害者と被害者の線引きが難しく、警察は利害が入り乱れた複雑な人間関係を解明しなければならなくなる。有り体にいえば、警察にとって非常に面倒な事件捜査なのである。

根絶やしにはできない

こうして結局、資産家の息子が絡んだこの一件は、刑事事件として立件されなかった。逗子は、さすがに決まりが悪そうな素振りでこうつぶやいた。

「地面師たちにとっては、ハナから身内を引き入れておけば、事件化しないという計算が働いていたのでしょうね。いざとなったら自分の両親にマンションデベロッパーへの借金の肩代わりをさせるくらいの感覚だったのかもしれません。けど、母親が警察に訴え出たので、もとに戻さなければ彼らも、業者もやばいことになるかもしれない。それで計算が狂ったのかもしれない」

融通した金が返ってこなければマンションデベロッパーが損をする羽目になる。しかし、もともと一蓮托生なので、ほかの案件で穴埋めし、折り合いがついたという。警察もそれ以上は追及せず、地面師たちは何ごともなかったかのように次の仕事にとりかかったという。逗子は言った。

「結局、一連の取引そのものをなかったことにする登記上の錯誤扱いにし、土地は元に戻りました。そのうえで警察が母に『出されている被害届はどうされますか』と尋ね、届を取り下げました。それで、何もなかったことになっています」

地面師集団は、弁護士や司法書士がそこに加担し、法の網からすり抜ける術を研究し尽くす。そのうえで、高値の土地持ちを狙い、億単位の資産をかすめ取る。彼らにとって、被害額が数十万からせいぜい数百万のオレオレ詐欺とは二ケタも三ケタも違う、いかにも効率のいい仕事だ。そんな闇の住人たちは、なかなか根絶やしにできない。

おわりに

　ここまで地面師たちが手を染めてきた案件の例を挙げてきた。被害者の告発を受けて警察の知能犯係が調べ始め、捜査が実を結んで犯行グループを摘発した事件もある半面、多くは捜査が難航し、立件にいたっていない。あるいは警察がはじめから捜査を渋り、うやむやになっているパターンもかなりある。

　たとえば二〇一七年、ある地面師グループの身柄を四谷警察署が拘束した事件があった。その摘発現場をスマホで撮影した動画が手元にある。

　暑い盛りの八月二日、場所は四谷三丁目の交差点に近いとある法律事務所だ。弁護士立ち会いの下、なりすまし役の地主女性を仕立てた地面師たちが買い手の不動産会社と交渉している場面である。

「ねえ、田中さん、あなた本当は田中さんじゃないよね」

ソファーに向き合って座っている初老の女性に弁護士が問いかけている。地主の姪が田中のようだ。弁護士の言葉を受けた女性は凍り付いたように青ざめ、うつむいている。沈黙が流れた。

「私、ちゃんと調べたんだから知っていますよ。あなたは田中さんじゃないんですよ」

さらに沈黙が続く。冷房の音がやたら響いているが、部屋の中は蒸しているようにも思えた。

取引に立ち会ったのは、弁護士のほか、ニセ田中、ニセ田中を紹介した太った不動産ブローカー、買い手の不動産会社の社員二人、さらに経営コンサルタントを称する男性の六人だ。法律事務所に顔をそろえた六人のうち、スマホのカメラは全員の姿をはっきりとらえているわけではない。後ろ向きだったり、パーテーションで顔が隠れていたりしていてよく見えない。

その場にいて録画した本人に会うことができた。当の法律事務所の職員である。さすがに裏事情に精通している。取引の経緯を説明してくれた。

「この日は大田区の池上にある住宅地の売買予約を交わすため、関係者が集まりました。実は弁護士には、地面師側から話が持ち込まれたのです。つまりうちの弁護士もこれが地面師詐欺だとなかば感づいていて、その話に乗っていた。ですが、事前に書類を送ってもらったところ、印鑑証明やパスポートの偽造の出来があまりに悪いので、ばれてしまうのではないかと不安になった。それを恐れて、みずからなりすまし役を問い詰めることにしたのです」

事前に怪しいと気づいていたのなら、取引に立ち会うことを断ればいいようなものだ。なぜ、そうしなかったのか、職員に質問してみた。

「地面師かブローカーかわからない人たちから持ち込まれるこの手の話は初めてではなく、それまでにもけっこうありました。取引に立ち会うだけで、五万円から一〇万円の報酬をもらえますので。ほかに仕事がないので、この手の不動産取引の依頼が多い。仮に地面師からの話でも、背に腹は代えられない。それでつい乗ってしまうということでしょう」

法律事務所の職員はこうも打ち明けた。

「知り合いの不動産ブローカーから、地主の田中を連れて行くので先生に立ち会ってもらいたいと聞いた、と弁護士が言えば、詐欺とは知らなかったことになります。警察も、うちの弁護士と彼らの取引について、ある程度は把握しているのでしょうけど、逆に弁護士を通じて地面師の情報を得ることもできるので、摘発することはない」

つまり、くだんの弁護士は地面師グループからの依頼で取引に立ち会っていることになる。弁護士はなりすましのニセ田中や紹介者のブローカー側に立ち、法律事務をする役割を担っている。にもかかわらず、依頼者を問い詰めるという摩訶不思議な光景なのである。

おまけにこのときの取引では、くだんの弁護士はあらかじめ四谷警察署に連絡を入れ、捜査員が部屋の外で待機していたという。そしてスマホの動画は、地面師たちの〝逮捕シーン〟までとらえることになる。

依頼者側の弁護士から問い詰められ、ニセ田中たちが黙り込んでいると、そこに捜査員が乱入した。

「四谷警察の者ですけど、ちょっとお話をうかがえますか」

そう言うと、なりすまし役の女や紹介者の不動産ブローカーたちは互いに顔を見合わせて立ち去ろうとする。それを制しながら捜査員が彼らの手をつかんだ。

「ちょっと待って、まずは話を聞かせてください」

買い手側も目を白黒させている。

「あなた方もお願いします」

そう言われてみなで部屋を出ていった。

先の法律事務所職員は、こうしたシーンはさほどめずらしくもないという。

「やっぱり都内の弁護士さんは数が多すぎて食い詰めていますからね。地面師たちに雇われている先生もけっこういると思います。だから事件がなかなか減らないのです」

この四谷署の手掛けた地面師詐欺の捜査では、犯行グループのメンバーが警察署に連行されて事情聴取されている。だが、その日のうちに釈放され、刑事事件には発展していない。おまけにくだんの弁護士には立ち会った報酬の五万円が支払われているという。実はこのニセ地主役の女性をよく見ると、その容姿が積水ハウス事件で逮捕された羽毛田正美にウリ二つなのである。

これまで書いてきたように、逮捕や起訴された地面師事件はさほど多くないが、詐欺行為そのものは数限りなく起きている。それらの多くにかかわってきた斯界のスターー内田マイクも、浜田山の駐車場事件で実刑判決が下されたものの、それ以外の事件では逮捕されても不起訴処分に終わっている。服役し、数年後には一般社会に舞い戻ってくる。その繰り返しだ。

また、手配師の秋葉紘子も同じように、何度も捜査の網を潜り抜けてきた。彼ら大物地面師たちは積水ハウス事件でようやく起訴されたが、手配師やなりすましの刑は意外に軽い。彼女はどうやってなりすまし役を手配してきたのか。

アパ事件において秋葉の指示によりニセ鈴木兄弟を見つけてきた別の女性がいる。彼女たちの接点を探っていくと、どうやら清掃員仲間だったという。

「彼女たちは介護施設などの清掃に派遣されてきたと聞いています。そこで認知症の高齢者を知り、リストアップしていったのではないか、とされています」

そう話す事情通がいる。都心の優良物件を所有する資産家は高齢者が多い。アパ事件のなりすまし役だった松本を巣鴨の喫茶店で見つけてきたように、介護施設の利用者に声をかけるのも、地面師たちのノウハウの一つなのであろう。事情通はこうも言った。

「認知症などの症状がなくとも、なりすまし犯の多くは、事件における出来事は断片的にしか覚えていない。いざ、なりすまし役を逮捕しても、証言能力に乏しいケースが少なくありません」

それが捜査の壁となり、前に進まないのだという。

〈まだまだ言い足りない。このままでは闇の中！　悔しさ晴らして下さい。　宮田〉

二〇一八年七月五日付で東京拘置所から私宛にこんな電報が届いた。差出人の〈宮田〉とは、東向島や赤坂のアパ事件で逮捕・起訴された宮田康徳である。あるルートを通じて勾留中、「話したいことがある」と連絡をもらい、質問状を送ったところ、届いた電報だ。

私が宮田宛に書いたその質問状の一部概要を記す。

〈東向島事件の流れについて。吉村清子さんと医師の贈与話をどのようにして知ったのか。そこに乗じた経緯は〉

〈なぜ内田は多くの事件にかかわっているのか〉

〈東向島やアパ事件、新橋の白骨死体事件で手配師の秋葉はなぜ不起訴になったのか〉

〈アパ事件はどのようにして仕組まれたのか。中間業者のクレオス白根はなぜ不起訴になったのか〉

〈積水ハウス事件はどのようにして仕組まれたのか〉

七月初め、そんな質問を宮田に投げた。折しも、積水ハウスの捜査が本格化し始めていた時期にあたる。九月に入り、同じルートを通じてその返事がようやく届いた。たとえば東向島の件については、ざっと次のような返答をしてきた。

「はじめ吉村さんと医師の贈与話は、内田マイクと高橋利久が中心になって動いていました。高橋の子分から私の友人に話が持ち込まれ、(司法書士の)亀野に相談したところ『内田も高橋も有名な地面師だから、こっちで話を奪ってしまおう』となった。内田と高橋に一六五〇万円を渡してこの話を乗っ取ったわけです」

やはり内田が事件の企画・立案者となっているようだ。高橋はかつて「総武線グループ」の頭目として名を馳せた。おまけにここには、北田も一枚噛んでいて事件後に三〇〇〇万円を渡したのだとか。宮田の回答は続く。

「亀野は大学を中退してディズニーランドで働き、司法書士になる前には千葉の建売業者の営業マンをしていました。地面師が本業で一〇年以上やっています。地面師仲間で亀野といちばん仲のいいのが北田でした。それで町田署の事件も二人のコンビでやりだした。亀野は『北さん、〝逆ザヤ〟はもう古いよ! これからは〝なんちゃって(なりすましのこと)〟だよ』と教えてあげていました。亀野は権利書などの偽造もこなす。用紙だけでなくホッチキスの留め金まで古く見せる方法を知っています。

もう一人の内田はどちらもできるオールマイティです」

ここでいう〝逆ザヤ〟とは北田が編み出した一種の融資詐欺だ。たとえば一億円の価値のある土地に対して三〇〇〇万円の手付金を持ち主に支払い、そのあと金融機関から五〇〇〇万円ずつ二回に分け、一億円の融資を受ける。それで持ち主に残金を払えば普通の売買だが、手付金だけで済ませてあとは金がないと言って残金を支払わない。とうぜん訴訟になるが、和解に持ち込んで追加で三〇〇〇万円くらい支払い、四〇〇〇万円を懐に入れるというやり方だ。これだと民事不介入を原則とする警察は手を出しづらい。詐欺師たちにとっては、なりすまして売り払ってしまったほうが手っ取り早いが、実際は段階的にそれらを組み合わせ、不動産を乗っ取ってしまうのが地面師たちの手口である。

宮田の主導したアパ事件は完全ななりすまし犯だが、ニセ鈴木兄弟を手配した秋葉をはじめ中間業者の白根なども不起訴に終わっている。そこについては、宮田の見方はこうだ。

「秋葉は『まさかアパを騙すとは思わなかった』と供述して不起訴になりました。これを機に本人がなりすまし役に抜擢され、新橋事件となる。（中間業者の）白根は『知らなかった』と言い通して不起訴です。が、アパが支払った一二億六〇〇〇万円のうち、七億二五〇〇万円もの金が白根の〝先〟に持っていかれているのに……」

あくまでこれは宮田の言い分である。もとより額面どおりに受け取ることはできないが、地面師事件では、何億、何十億という現金を手にしてきた犯人が間違いなく存在する。しかし、仮に何人かの犯人が捕まっても、肝心の金の行方は杳《よう》として知れない。黒幕や頭目が罪に問われることもめったにない。

この作品は、二〇一八年一二月に小社より刊行されました。

|著者|森 功　1961年、福岡県生まれ。ノンフィクション作家。岡山大学文学部卒業後、伊勢新聞社、「週刊新潮」編集部などを経て、2003年に独立。2008年、2009年に2年連続で「編集者が選ぶ雑誌ジャーナリズム賞作品賞」を受賞。2018年には『悪だくみ　「加計学園」の悲願を叶えた総理の欺瞞』で大宅壮一メモリアル日本ノンフィクション大賞受賞。『官邸官僚　安倍一強を支えた側近政治の罪』『ならずもの　井上雅博伝――ヤフーを作った男』『鬼才　伝説の編集人 齋藤十一』など著書多数。

地面師《じめんし》　他人《たにん》の土地《とち》を売《う》り飛《と》ばす闇《やみ》の詐欺集団《さぎしゅうだん》

森《もり》 功《いさお》

2022年9月15日第1刷発行
2024年11月27日第6刷発行

発行者――篠木和久
発行所――株式会社　講談社
東京都文京区音羽2-12-21　〒112-8001
電話　出版（03）5395-3510
　　　販売（03）5395-5817
　　　業務（03）5395-3615

Printed in Japan

講談社文庫
定価はカバーに表示してあります

KODANSHA

デザイン―菊地信義
本文データ制作―株式会社新藤慶昌堂
印刷―――株式会社新藤慶昌堂
製本―――株式会社国宝社

ISBN978-4-06-529256-3

講談社文庫刊行の辞

二十一世紀の到来を目睫に望みながら、われわれはいま、人類史上かつて例を見ない巨大な転換期をむかえようとしている。

世界も、日本も、激動の予兆に対する期待とおののきを内に蔵して、未知の時代に歩み入ろうとしている。このときにあたり、創業の人野間清治の「ナショナル・エデュケイター」への志を現代に甦らせようと意図して、われわれはここに古今の文芸作品はいうまでもなく、ひろく人文・社会・自然の諸科学から東西の名著を網羅する、新しい綜合文庫の発刊を決意した。

激動の転換期はまた断絶の時代である。われわれは戦後二十五年間の出版文化のありかたへの深い反省をこめて、この断絶の時代にあえて人間的な持続を求めようとする。いたずらに浮薄な商業主義のあだ花を追い求めることなく、長期にわたって良書に生命をあたえようとつとめるところにしか、今後の出版文化の真の繁栄はあり得ないと信じるからである。

同時にわれわれはこの綜合文庫の刊行を通じて、人文・社会・自然の諸科学が、結局人間の学にほかならないことを立証しようと願っている。かつて知識とは、「汝自身を知る」ことにつきていた。現代社会の瑣末な情報の氾濫のなかから、力強い知識の源泉を掘り起し、技術文明のただなかに、生きた人間の姿を復活させること。それこそわれわれの切なる希求である。

われわれは権威に盲従せず、俗流に媚びることなく、渾然一体となって日本の「草の根」をかたちづくる若く新しい世代の人々に、心をこめてこの新しい綜合文庫をおくり届けたい。それは知識の泉であるとともに感受性のふるさとであり、もっとも有機的に組織され、社会に開かれた万人のための大学をめざしている。大方の支援と協力を衷心より切望してやまない。

一九七一年七月

野間省一

森　博嗣　つぶやきのクリーム〈The cream of the notes〉
森　博嗣　ツンドラモンスーン〈The cream of the notes 4〉
森　博嗣　つぼみ茸《きのこ》ムース〈The cream of the notes 5〉
森　博嗣　つぶさにミルフィーユ〈The cream of the notes 6〉
森　博嗣　月夜のサラサーテ〈The cream of the notes 7〉
森　博嗣　つんつんブラザーズ〈The cream of the notes 8〉
森　博嗣　ツベルクリンムーチョ〈The cream of the notes 9〉
森　博嗣　追懐のコヨーテ〈The cream of the notes 10〉
森　博嗣　積み木シンドローム〈The cream of the notes 11〉
森　博嗣　妻のオンパレード〈The cream of the notes 12〉
森　博嗣　カクレカラクリ〈An Automaton in Long Sleep〉
森　博嗣　DOG&DOLL
森　博嗣　森には森の風が吹く〈My wind blows in my forest〉
森　博嗣　アンチ整理術〈Anti-Organizing Life〉
萩尾望都 原作／森 博嗣　トーマの心臓〈Lost heart for Thoma〉
諸田玲子　森家の討ち入り
森　達也　すべての戦争は自衛から始まる
本谷有希子　腑抜けども、悲しみの愛を見せろ
本谷有希子　江利子と絶対〈本谷有希子文学大全集〉
本谷有希子　あの子の考えることは変
本谷有希子　嵐のピクニック
本谷有希子　自分を好きになる方法
本谷有希子　異類婚姻譚
本谷有希子　静かに、ねぇ、静かに
茂木健一郎　「赤毛のアン」に学ぶ幸福《しあわせ》になる方法
森林原人　セックス幸福論〈偏差値78のAV男優が考える〉
桃戸ハル編・著　5分後に意外な結末〈ベスト・セレクション〉
桃戸ハル編・著　5分後に意外な結末〈ベスト・セレクション　黒の巻・白の巻〉
桃戸ハル編・著　5分後に意外な結末〈ベスト・セレクション　心震える赤の巻〉
桃戸ハル編・著　5分後に意外な結末〈ベスト・セレクション　心弾ける橙の巻〉
桃戸ハル編・著　5分後に意外な結末〈ベスト・セレクション　金の巻〉
桃戸ハル編・著　5分後に意外な結末〈ベスト・セレクション　銀の巻〉
森　功　高倉健〈隠し続けた七つの顔と「謎の養女」〉
森　功　地面師〈他人の土地を売り飛ばす闇の詐欺集団〉
望月麻衣　京都船岡山アストロロジー
望月麻衣　京都船岡山アストロロジー2〈星と創作のアンサンブル〉
望月麻衣　京都船岡山アストロロジー3〈恋のハウスと檸檬色の憂鬱〉
桃《もも》野《の》雑派《ざっぱ》　老虎残夢
森沢明夫　本が紡いだ五つの奇跡
山田風太郎　甲賀忍法帖〈山田風太郎忍法帖①〉
山田風太郎　伊賀忍法帖〈山田風太郎忍法帖③〉
山田風太郎　忍法八犬伝〈山田風太郎忍法帖④〉
山田風太郎　風来忍法帖〈山田風太郎忍法帖⑪〉
山田風太郎　新装版 戦中派不戦日記
山田正紀　大江戸ミッション・インポッシブル〈顔役を消せ〉
山田正紀　大江戸ミッション・インポッシブル〈幽霊船を奪え〉
山田詠美　晩年の子供
山田詠美　A《エイ》2《トゥ》Z《ズィ》
山田詠美　珠玉の短編
柳家小三治　ま・く・ら
柳家小三治　もひとつま・く・ら
柳家小三治　バ・イ・ク
山口雅也　落語魅捨理《ミステリ》全集〈坊主の愉しみ〉
山本一力　深川黄表紙掛取り帖
山本一力　牡丹酒〈深川黄表紙掛取り帖㈡〉
山本一力　ジョン・マン1 波濤編
山本一力　ジョン・マン2 大洋編

山本一力　ジョン・マン3　望郷編
山本一力　ジョン・マン4　青雲編
山本一力　ジョン・マン5　立志編
椰月美智子　十　二　歳
椰月美智子　しずかな日々
椰月美智子　ガミガミ女とスーダラ男
椰月美智子　恋　愛　小　説
柳　広司　キング&クイーン
柳　広司　怪　談
柳　広司　ナイト&シャドウ
柳　広司　幻　影　城　市
柳　広司　風神雷神　(上)(下)
薬丸　岳　闇　の　底
薬丸　岳　虚　夢
薬丸　岳　刑事のまなざし
薬丸　岳　逃　走
薬丸　岳　ハードラック
薬丸　岳　その鏡は嘘をつく
薬丸　岳　刑　事　の　約　束
薬丸　岳　Aではない君と
薬丸　岳　ガーディアン
薬丸　岳　刑事の怒り
薬丸　岳　天使のナイフ〈新装版〉
薬丸　岳　告　解
山崎ナオコーラ　可愛い世の中
矢月秀作　A《ア》C《ク》T《ト》〈警視庁特別潜入捜査班〉
矢月秀作　A《ア》C《ク》T《ト》2　告発者〈警視庁特別潜入捜査班〉
矢月秀作　A《ア》C《ク》T《ト》3　掠奪〈警視庁特別潜入捜査班〉
矢野　隆　我が名は秀秋
矢野　隆　戦《いくさ》始　末
矢野　隆　乱
矢野　隆　長篠の戦い〈戦百景〉
矢野　隆　桶狭間の戦い〈戦百景〉
矢野　隆　関ヶ原の戦い〈戦百景〉
矢野　隆　川中島の戦い〈戦百景〉
矢野　隆　本能寺の変〈戦百景〉
矢野　隆　山崎の戦い〈戦百景〉
矢野　隆　大坂冬の陣〈戦百景〉
矢野　隆　大坂夏の陣〈戦百景〉
山内マリコ　かわいい結婚
山本周五郎　さ　ぶ〈山本周五郎コレクション〉
山本周五郎　白石城死守〈山本周五郎コレクション〉
山本周五郎　完全版　日本婦道記(上)(下)〈山本周五郎コレクション〉
山本周五郎　戦国武士道物語　死《し》処《しょ》〈山本周五郎コレクション〉
山本周五郎　戦国物語　信長と家康〈山本周五郎コレクション〉
山本周五郎　幕末物語　失　蝶　記〈山本周五郎コレクション〉
山本周五郎　逃亡記　時代ミステリ傑作選〈山本周五郎コレクション〉
山本周五郎　家族物語　おもかげ抄〈山本周五郎コレクション〉
山本周五郎　繁《しげ》　あ　ね〈美しい女たちの物語〉
山本周五郎　雨　あ　が　る〈映画化作品集〉
柳田理科雄　スター・ウォーズ　空想科学読本
柳田理科雄　MARVEL　マーベル空想科学読本
靖子靖史　空《くう》色《しき》カンバス〈瑞《ずい》空《くう》寺《じ》凸凹《でこぼこ》縁《えん》起《ぎ》〉
安本由佳・山本理沙　不機嫌な婚活
山中伸弥・平尾誠二・惠子　友　情〈平尾誠二と山中伸弥「最後の約束」〉
山手樹一郎　夢介千両みやげ(上)(下)〈完全版〉
山口仲美　すらすら読める枕草子

講談社文庫　目録

山本巧次　戦国快盗　嵐丸〈今川家を狙え〉
夢枕　獏　大江戸釣客伝 (上)(下)
夢枕　獏　大江戸《おおえど》火龍《かりゅう》改《あらため》
唯川　恵　雨　心　中
行成　薫　ヒーローの選択
行成　薫　バイバイ・バディ
行成　薫　スパイの妻
行成　薫　さよなら日和
柚月裕子　合理的にあり得ない〈上水流《かみづる》涼子《りょうこ》の解明〉
夕木春央　絞《こう》首《しゅ》商《しょう》會《かい》
夕木春央　サーカスから来た執達吏
吉村　昭　私の好きな悪い癖
吉村　昭　吉村昭の平家物語
吉村　昭　暁　の　旅　人
吉村　昭　新装版 白い航跡 (上)(下)
吉村　昭　新装版 海も暮れきる
吉村　昭　新装版 間宮林蔵
吉村　昭　新装版 赤　い　人
吉村　昭　新装版 落日の宴 (上)(下)

吉村　昭　白　い　遠　景
横尾忠則　言葉を離れる
与那原　恵　わたぶんぶん〈わたしの「料理沖縄物語」〉
米原万里　ロシアは今日も荒れ模様
横山秀夫　半　落　ち
横山秀夫　出口のない海
吉田修一　日曜日たち
吉本隆明　真　贋
吉本隆明　フランシス子へ
横関　大　再　会
横関　大　グッバイ・ヒーロー
横関　大　チェインギャングは忘れない
横関　大　沈黙のエール
横関　大　ルパンの娘
横関　大　ルパンの帰還
横関　大　ホームズの娘
横関　大　ルパンの星
横関　大　ルパンの絆
横関　大　スマイルメイカー

横関　大　K〈池袋署刑事課 神崎・黒木〉2
横関　大　帰ってきたK2〈池袋署刑事課 神崎・黒木〉
横関　大　炎上チャンピオン
横関　大　ピエロがいる街
横関　大　仮面の君に告ぐ
横関　大　誘拐屋のエチケット
横関　大　ゴースト・ポリス・ストーリー
吉川永青　裏　関　ヶ　原
吉川永青　化　け　札
吉川永青　治　部　の　礎《いしずえ》
吉川永青　老　　　侍
吉川永青　雷　雲　の　龍〈会津に吼える〉
吉村龍一　光　る　牙
吉川トリコ　ぶらりぶらこの恋
吉川トリコ　ミドリのミ
吉川トリコ　余命一年、男をかう
吉川英梨　波　動〈新東京水上警察〉
吉川英梨　烈　渦〈新東京水上警察〉
吉川英梨　朽《く》海《かい》の城〈新東京水上警察〉

吉川英梨 海底の道化師〈新東京水上警察〉
吉川英梨 月《げっ》下《か》蝋《ろう》人《じん》〈新東京水上警察〉
吉川英梨 海《かい》蝶《ちょう》〈海を護るミューズ〉
吉森大祐 幕末ダウンタウン
吉森大祐 蔦重
横山光輝 山岡荘八・原作 漫画版 徳川家康1
横山光輝 山岡荘八・原作 漫画版 徳川家康2
横山光輝 山岡荘八・原作 漫画版 徳川家康3
横山光輝 山岡荘八・原作 漫画版 徳川家康4
横山光輝 山岡荘八・原作 漫画版 徳川家康5
横山光輝 山岡荘八・原作 漫画版 徳川家康6
横山光輝 山岡荘八・原作 漫画版 徳川家康7
横山光輝 山岡荘八・原作 漫画版 徳川家康8
よむーく よむーくの読書ノート
よむーく よむーくノートブック
隆慶一郎 花と火の帝(上)(下)
隆慶一郎 時代小説の愉しみ
リレーミステリー 宮辻薬東宮
令丈《れいじょう》ヒロ子 原作・文 吉田玲子 脚本 小説 若おかみは小学生!〈劇場版〉

渡辺淳一 失楽園(上)(下)
渡辺淳一 男と女
渡辺淳一 泪《なみだ》壺《つぼ》
渡辺淳一 秘すれば花
渡辺淳一 化粧(上)(下)
渡辺淳一 あじさい日記(上)(下)
渡辺淳一 熟年革命
渡辺淳一 幸せ上手
渡辺淳一 新装版 雲の階段(上)(下)
渡辺淳一 麻酔〈渡辺淳一セレクション〉
渡辺淳一 阿寒に果つ〈渡辺淳一セレクション〉
渡辺淳一 何処《いずこ》へ〈渡辺淳一セレクション〉
渡辺淳一 光と影〈渡辺淳一セレクション〉
渡辺淳一 花《はな》埋《うず》み〈渡辺淳一セレクション〉
渡辺淳一 氷紋〈渡辺淳一セレクション〉
渡辺淳一 長崎ロシア遊女館〈渡辺淳一セレクション〉
渡辺淳一 遠き落日(上)(下)〈渡辺淳一セレクション〉
輪《わ》渡《たり》颯介 古道具屋 皆塵堂
輪渡颯介 猫除け 古道具屋 皆塵堂

輪渡颯介 蔵盗み 古道具屋 皆塵堂
輪渡颯介 迎え猫 古道具屋 皆塵堂
輪渡颯介 祟《たた》り婿《むこ》 古道具屋 皆塵堂
輪渡颯介 影憑《つ》き 古道具屋 皆塵堂
輪渡颯介 夢の猫 古道具屋 皆塵堂
輪渡颯介 呪い禍 古道具屋 皆塵堂
輪渡颯介 髪追い 古道具屋 皆塵堂
輪渡颯介 怨返《おんがえ》し 古道具屋 皆塵堂
輪渡颯介 闇試し 古道具屋 皆塵堂
輪渡颯介 捻《ねじ》れ家《が》 古道具屋 皆塵堂
輪渡颯介 溝《どぶ》猫《ねこ》長屋 祠之怪《ほこらのかい》
輪渡颯介 優しき悪霊〈溝猫長屋 祠之怪〉
輪渡颯介 欺きの童《わらし》霊《れい》〈溝猫長屋 祠之怪〉
輪渡颯介 物の怪斬り〈溝猫長屋 祠之怪〉
輪渡颯介 別れの霊祠〈溝猫長屋 祠之怪〉
輪渡颯介 怪談飯屋古狸
輪渡颯介 祟《たた》り神 怪談飯屋古狸
輪渡颯介 攫《さら》い鬼〈怪談飯屋古狸〉
綿矢りさ ウォーク・イン・クローゼット

2024年6月14日現在